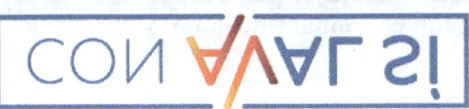

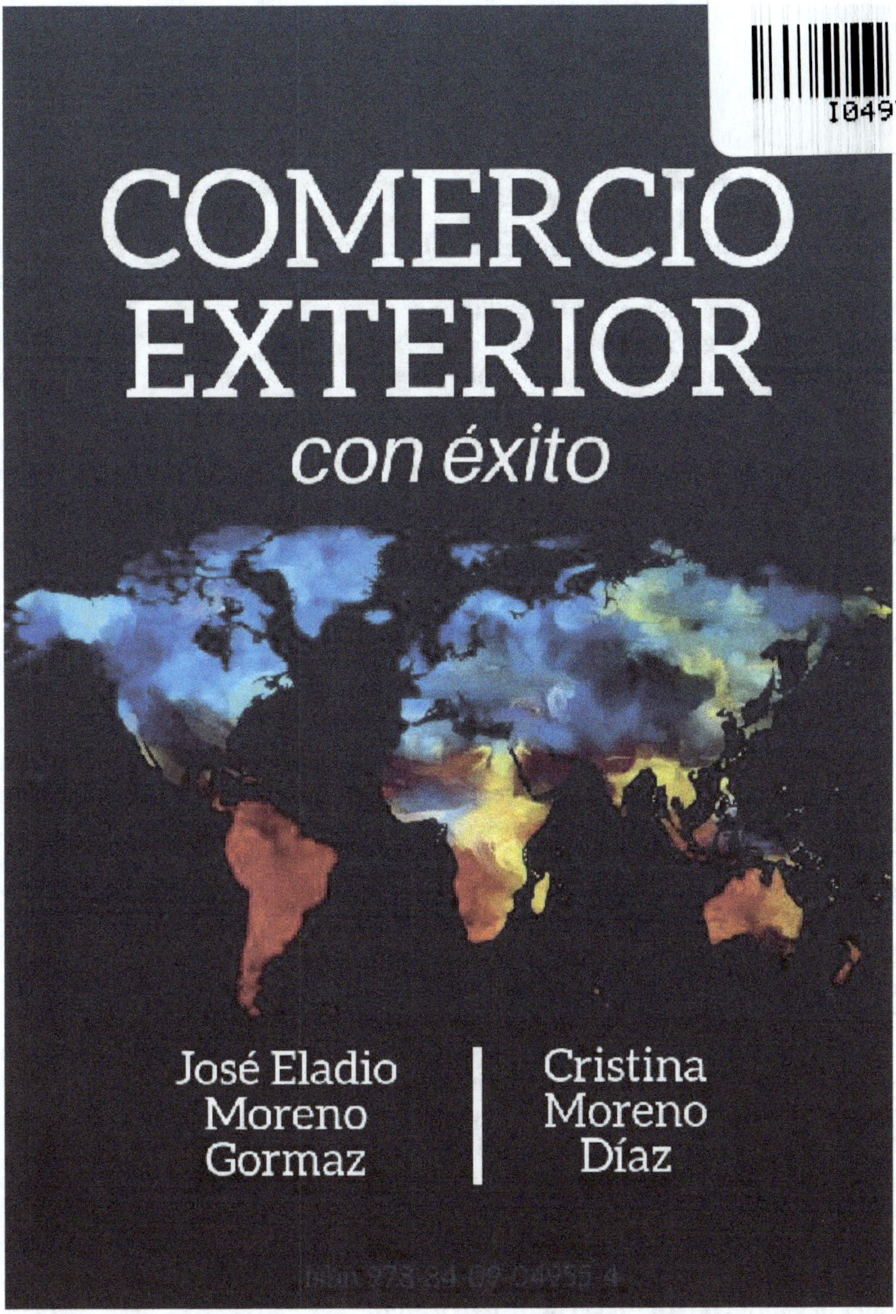

CON AVAL SI

Avales y Garantías Internacionales. Standby,s Letter of Credit.

Avales y garantías internacionales. Standby,s letter of credit.

Comentarios.

1. Avales y garantías internacionales.	Página 3
2. El Aval	Página 6
2.1 Como se efectúa el aval.	Página 8
2.2 Obligaciones del avalista.	Página 9
2.3 Derechos del avalista.	Página 9
2.4 Beneficios para el exportador.	Página 9
Cuadro: Arquitectura jurídica de las garantías (España).	Página 11
3. Las garantías internacionales.	Página 12
3.1 Las partes que intervienen en las garantías.	Página 13
3.2 Naturaleza de las garantías internacionales.	Página 13
3.3 Datos que debe contener el texto de una garantía.	Página 14
3.4 Sometimiento y tribunales o arbitraje.	Página 15
3.5 Cláusula de garantía sometida a ley extranjera.	Página 15
3.6 Pago, prórroga y/o cancelación de la garantía.	Página 16
3.7 La fianza y su diferenciación respecto a la garantía.	Página 19
3.8. Excusión, división y orden.	Página 23
4. Las garantías internacionales más utilizadas, comentarios y textos.	Página 24
4.1 Garantía de licitación.	Página 24
4.2 Garantía de cumplimiento de contrato.	Página 26
4.3 Garantía de buen funcionamiento.	Página 30
4.4 Garantía de mantenimiento.	Página 32
4.5 Garantía de pago.	Página 33
4.6 Garantías ante organismos.	Página 35
4.7 Garantía por pérdida del B/L (conocimiento de embarque).	Página 36
4.8 Garantía de devolución de pagos anticipados.	Página 38
5. La contragarantía o garantía indirecta.	Página 42
6. Aval o garantía internacional (y contragarantía si la hay), o Standby Letter of Credit, emitida en moneda no convertible.	Página 48
7. Las Reglas Uniformes Relativas a las garantías de la CCI.	Página 51
8. Resumen de la Convención de las Naciones Unidas sobre Garantías Independientes y Cartas de Crédito Contingente.	Página 57
9. Las cartas de crédito contingente o "stand-by".	Página 60
9.1 Clasificación de las Standby en función de la finalidad y obligación garantizada, comentarios y textos.	Página 63
9.2 Las ISP98 (Usos internacionales relativos a los créditos contingentes de 1.998) de la Cámara de Comercio Internacional.	Página 74
10. Cláusula Bail-in (recapitalización interna) en las garantías y Standby, s Letter of Credit.	Página 79
11. Boleta de Garantía.	Página 81
12. La confort (o comfort) letter o carta de patrocinio.	Página 84
13. La carta de presentación internacional (to whom) y el certificado de solvencia.	Página 91
14. El contrato Escrow.	Página 92
14.1 Depósito en dinero.	Página 93
15. Programa ICO-Garantías Internacionales	Página 99

√ Este documento es de carácter informativo y no tiene valor jurídico.
√ Los autores no aceptan ninguna responsabilidad por las decisiones que se tomen como resultado del uso de cualquier información en esta publicación.

Avales y garantías internacionales. Standby,s letter of credit.

Comentarios.

Los avales y garantías internacionales, Standby, s y Escrow accounts se utilizan para garantizar el buen fin de los negocios internacionales. La garantía bancaria y el standby son instrumentos similares, aunque su apariencia es distinta debido a su origen diferente.

Los importadores, exportadores e inversores se ven necesitados de utilizar estos instrumentos, y las entidades financieras y otras entidades, como las aseguradoras en algunos países, los gestionan a favor de terceros.

Estos mecanismos de seguridad los proporcionan los bancos, las aseguradoras, las compañías de cauciones y otras empresas de servicios financieros.

En esta unidad se dan a conocer los avales, garantías y standby,s, y también las Escrow accounts, cuyo principal objetivo es el cumplimiento de los derechos y obligaciones de pago de sus beneficiarios, ante posibles incumplimientos de los ordenantes.

→ Se tratan los **avales y las garantías** que, desde casi siempre, se han utilizado para que los negocios internacionales puedan llegar a un buen fin.

→ Se incluyen las **cartas de crédito standby**, que es una modalidad muy utilizada en algunas áreas geográficas y, en nuestro país (España), su utilización se ha incrementado sensiblemente.

→ También se tratan las **Comfort Letter y los To Whom**, que al no garantizar no alcanzan el nivel de las anteriores, pero su existencia puede favorecer la firma de un contrato.

→ Y también los contratos **Escrow account** que, basados en un depósito previo, es un instrumento de garantía cuya utilización es cada vez mayor.

Los exportadores e importadores que utilizan estás figuras en las relaciones internacionales con sus clientes, con sus proveedores e inversores, lo hacen para favorecer y apoyar la firma de contratos y el cumplimiento de las obligaciones que de ellos se dimanen.

1. Avales y garantías internacionales.

Los avales y garantías son instrumentos por los que una persona jurídica o física, normalmente una entidad financiera, aunque puede no serlo, responde como fiadora (avalista /garante) de su cliente (avalado /ordenante) de los compromisos de pago a favor de un tercero (beneficiario).

El garante /avalista se compromete a pagar al beneficiario si el ordenante no cumple las obligaciones contraídas.

Quien avala /garantiza se declara dispuesto ante el beneficiario, si el avalado no lo hace, a hacer frente a los compromisos del avalado, normalmente mediante el pago de una determinada cantidad de dinero.

- **Beneficiario:** Es la parte que recibe la indemnización del aval o la garantía en caso de incumplimiento de la otra parte. Casi siempre es el comprador o el adjudicador.

- **Ordenante o principal:** Es quien solicita al avalista / garante que emita la garantía.

Avales y garantías internacionales. Standby's letter of credit.

- **Garante /avalista:** Es el banco, la aseguradora, la compañía de cauciones o un tercero, como la matriz, que avala o emite la garantía siguiendo las instrucciones del ordenante o por cuenta propia, es responsable del pago de la suma garantizada.

- **Plazos.** El aval /garantía puede pactarse por un plazo determinado o indeterminado.

    En los avales y garantías de duración determinada, el plazo se configura como:

    √ **Plazo de la garantía.** Nacidas las obligaciones, la reclamación correspondiente al cumplimiento puede realizarse durante el plazo hasta la prescripción de las acciones para exigir el cumplimiento.
    √ **Plazo de caducidad.** Automáticamente, al alcanzar el plazo de caducidad fijado, quedan extinguidos los efectos del aval o garantía.

Un aval de duración indeterminada, sin caducidad de garantía o plazo de exigibilidad, permite al beneficiario reclamar el pago de la deuda en cualquier momento durante el plazo general de prescripción recogido en la normativa vigente.

Si no hay una fecha de terminación y el avalado quiere dar por cancelada la garantía, la entidad garante exigirá que se le devuelva el documento original y que se le comunique por el beneficiario la cancelación de forma clara y expresa, a su entera satisfacción.

> **El aval y la garantía son formas de asegurar el cumplimiento de obligaciones económicas.**
>
> - **El Aval, total o parcial, se plasma en un documento cambiario, letra de cambio, pagaré o cheque, para el caso de impago del obligado principal.**
>
> - **Las garantías internacionales, normalmente, las emiten entidades financieras en favor de empresas u organismos, para garantizar por cuenta de sus clientes el cumplimiento de las obligaciones de estos últimos ante los beneficiarios.**

En los avales y garantías se suelen distinguir tres categorías:

1. **Tipo Técnico:** Responde económicamente del incumplimiento de los compromisos de naturaleza no económica que el avalado tiene contraídos.

    Se utiliza para importaciones de mercancías en régimen temporal, participación en concursos y subastas, ejecuciones de obras o contratos de suministros, tribunales de justicia, calidad y buen funcionamiento, etc.

    - Los avales técnicos garantizan la capacidad técnica del avalado para hacer frente a sus obligaciones contractuales.
    - No suponen obligación directa de pago, sino que responden en caso de incumplimiento de compromisos contraídos.

Avales y garantías internacionales. Standby,s letter of credit.

Estas garantías internacionales (avales) se usan habitualmente ante empresas públicas y privadas de otros países, o ante la administración de dichos países, para licitaciones, concesiones administrativas, concursos públicos o para cualquier requisito o exigencia legal.

2. **Tipo Comercial o Económico:** Se refiere a operaciones de naturaleza comercial y responde del pago aplazado en una compraventa de bienes, del fraccionamiento de pago, de la devolución de sumas entregadas anticipadamente, etc., e incluso para el aplazamiento de impuestos.

   Se incluye las garantías que avalan operaciones comerciales con pagos sucesivos rotatorios por suministros periódicos.

   La entidad de crédito avala a su cliente en operaciones por las que está obligado a pagar una determinada cantidad en un plazo previamente fijado.

3. **Tipo Financiero:** Responde del pago de un crédito o amortización de un préstamo obtenido por la persona avalada, normalmente en un banco extranjero, quedando el garante obligado a su reembolso si no lo hace la persona avalada.

   La entidad de crédito extranjera se garantiza que cobrará del avalista si el prestatario no devuelve los fondos (normalmente se garantiza el principal, intereses y gastos).

   El banco avalista/garante se obliga a reembolsar el crédito o préstamo si el prestatario no lo reintegra.

   Además de garantías internacionales, se pueden utilizar avales en letras de cambio o pagarés avalados con vencimiento coincidente con los vencimientos de las amortizaciones o pólizas de préstamo o crédito garantizadas.

Los avales y garantías internacionales los emplean las empresas para:
1. **Penetrar en mercados internacionales,**
2. **Acceder a la contratación con administraciones públicas,**
3. **Favorecer sus relaciones comerciales con clientes y proveedores.**

Cualquier persona puede avalar o garantizar a otra, si bien en el comercio y los negocios internacionales los bancos:
   1. por su solvencia,
   2. por corresponsalía con entidades financieras de otros países, y
   3. por su conocimiento de la legislación internacional,

están especialmente capacitadas para avalar y garantizar internacionalmente a sus clientes.

Un aval o una garantía internacional puede abrir las puertas a nuevos negocios, ya que brinda la imagen de una empresa sólida, solvente y profesional, transmite confianza y da seguridad.

Algunos comentarios sobre avales y garantías.
(Fuente Banco de España)

El aval y la garantía son productos financieros que las entidades de crédito ofrecen a sus clientes.

Un caso distinto, es el del aval que la entidad de crédito exige a su cliente para darle un préstamo o crédito, del que la entidad actúa como beneficiaria.

Preaval.

La entidad de crédito puede ofrecer un preaval, que es un documento en el que la entidad hace constar su disposición favorable, o su compromiso en firme, a conceder un aval.

Línea de avales.

Normalmente, en el caso de las empresas, cuando la entidad de crédito se compromete a emitir avales de determinadas características hasta un importe límite, que se irán firmando en función de sus necesidades.

Los avales de las entidades de crédito dan lugar al pago de comisiones bancarias.

Suelen estar relacionadas con tres tipos de gestiones:

1. **El estudio de la operación.** Suele ser un porcentaje sobre el importe solicitado, con un mínimo por operación.

2. **La formalización o apertura del aval.** También es, por lo general, un porcentaje sobre la cuantía del aval. Con un mínimo.

3. **El riesgo.** Se fija en un porcentaje sobre el importe avalado, y su cuantía depende del plazo y el tipo de aval, o del riesgo que la entidad asume. Tiene carácter periódico y se cobra generalmente cada trimestre.

2. El Aval.

La palabra aval se suele utilizar genéricamente para definir cualquier tipo de aval, garantía o caución, si bien tratamos en este apartado segundo, de forma específica, el aval en documento cambiario.

Avales y garantías internacionales. Standby,s letter of credit.

Se puede definir como un compromiso cuyo fin es garantizar, total o parcialmente, el pago de un documento cambiario (normalmente letra de cambio, pagaré o cheque), en caso de impago por el obligado principal.

El aval en documento cambiario es una garantía accesoria, en su origen reforzaba las garantías de cobro de la Letra de Cambio. El avalista garantizaba con su firma el pago de la obligación que se reflejaba en la Letra de Cambio.

El aval es la declaración en la letra de cambio, cheque, pagaré u otro documento, cambiario o no, que tiene como finalidad garantizar el pago del documento.

Reverso Letra de cambio

1: Espacio para avalista:
Por aval de "avalado"
Fecha del aval
Nombre/Domicilio del avalista

2: Espacio para el endoso:
Páguese a "endosatario"
Con domicio en "Domicilio del endosatario"
Fecha del aval
Nombre/Domicilio del endosante

3: Espacio libre
Claúsulas
Otros endosos o avales

El aval se utiliza principalmente en compras y ventas de mercancías y servicios, con pago en documento cambiario (cheque, letra de cambio o pagaré, a la vista o a plazo.

- En operaciones de comercio exterior minimiza el riesgo de impago si el avalista es un banco internacional de primer orden.

- El vendedor obtiene seguridad de cobro mediante el aval de un tercero en el documento, normalmente de un banco internacional de primer orden o, en el caso de multinacionales, de la sociedad matriz.

- Es una manera de garantizar el pago de la letra de cambio al vencimiento, que facilita su descuento en caso necesario, especialmente si el avalista es un banco.

- El avalista asume junto al librado la responsabilidad del pago de documento cambiario.

> **El aval no puede actuar más allá de lo contenido
> en el documento en el que aparece.**

En una letra de cambio, el avalista sólo responde del pago de si ha sido aceptada por el librado, y dentro de los límites en que la aceptación se haya producido; si la aceptación es parcial, también lo es el aval.

→ Se pueden ejercer acciones contra el avalista cuando la letra de cambio, una vez presentada al cobro, resulta impagada y se levanta el protesto por la falta de pago.

→ Si el avalista paga la letra de cambio, puede exigir al librado o deudor que le devuelva la suma abonada en su nombre.

El aval no goza de beneficio de excusión, orden o división, pues la ley cambiaria y del cheque no le concede ninguno de estos beneficios.

2.1 Como se efectúa el aval.

El aval debe figurar en el documento cambiario o en su suplemento, mediante la expresión "por aval" u otro término equivalente, no obstante:

"La simple firma de una persona distinta del librador o librado en el anverso del documento equivale al aval"

En la declaración de aval se debe indicar la persona a la que se garantiza, si no consta el avalado es el aceptante, y si éste no existe como ocurre en el cheque, el avalado es el librador.

Es aconsejable que el aval conste de forma clara, con expresión del nombre y domicilio del avalista, así como por cuenta de quien se presta.

Un aval en documento separado no produce efectos cambiarios, por lo que conviene que figure en el documento.

El aval puede suscribirse en la letra de cambio, incluso después del vencimiento y denegación del pago.

En una letra de cambio:

- La simple firma de una persona puesta en el anverso de la letra de cambio vale como aval, siempre que no se trate de la firma del librado o del librador.

- El aval debe indicar a quién se avala, y a falta de esta indicación, se entiende avalado el aceptante, y en defecto de éste el librador.

> **El aval se incorpora al documento financiero utilizado en la operación de
> comercio exterior, mientras que la garantía se emite en documentos aparte.**

2.2 Obligaciones del avalista.

El avalista responde de igual manera que el avalado, y no puede oponer las excepciones personales de éste.

- La principal obligación consiste en hacer frente a los compromisos que ha contraído el avalado ante terceros.
- El avalista responde en el aval con todo su patrimonio presente o futuro.
- Un avalista solidario ostenta frente al acreedor la misma responsabilidad que el deudor si hay impago.
- Es válido el aval aunque la obligación garantizada sea nula por cualquier causa que no sea la de vicio de forma.

Cualquier persona puede avalar a otra, las entidades de crédito están especializadas, es una de sus operaciones características.

Cuando el aval se realiza para una operación financiera de préstamo o crédito, queda plasmado en la póliza, en cuyo caso la responsabilidad que asume el avalista es igual que la del titular del préstamo o crédito.

El avalista puede reclamar contra la persona a que avaló una vez a realizado el pago, pudiendo reclamarle las cantidades que abonó junto a los intereses y los daños y perjuicios causados.

2.3 Derechos del avalista.

El avalista es una figura solidaria que responde con todos sus bienes presentes y futuros y, en caso de impago por el avalado, el ejecutante puede solicitar al avalista que haga frente a la deuda.

Si el avalista paga la letra de cambio, el pagaré o el cheque, adquiere todos los derechos que derivan del documento, pudiendo ir contra todas las personas responsables en el documento cambiario y, en primer lugar, contra el avalado.

Si el aval se dio para una operación financiera de préstamo o crédito, suele suceder entre familiares, también se puede exigir al avalado el pago en caso de ejecución del aval.

El avalista que paga siempre puede ir contra el deudor principal, ejercitando la acción de repetición, salvo que en el aval haya renunciado expresamente a ella.

2.4 Beneficios para el vendedor /exportador.

Para el exportador tiene especial importancia cuando, acordándose como forma de pago un documento financiero, quiere el compromiso de pago de una tercera persona, normalmente un banco.

El aval es una garantía solidaria y el acreedor (vendedor /exportador) puede dirigirse para solicitar el pago indistintamente contra el avalista y contra el deudor principal.

Avales y garantías internacionales. Standby,s letter of credit.

Ejemplos:

1. **Ejemplo primero:** Es habitual enviar una remesa documentaria con instrucciones de entregar los documentos comerciales contra aceptación por el librado de una letra de cambio y **el aval del banco presentador**.
2. **Ejemplo segundo:** El importador, o su agente, retira la mercancía y, como había acordado con el exportador, le entrega un cheque, una letra de cambio o un pagaré **avalado por su banco**.

El exportador debe verificar al recibir un cheque, letra de cambio o pagaré avalado que:
1. El banco o persona que avala son conocidos, y su moralidad y solvencia están fuera de duda.
2. No se asume riesgo país, el país del librado y el del avalista tienen disponibilidad monetaria y estabilidad.
3. No hay trabas legales en el país del avalista que impidan la realización del pago de tenerse que ejecutar el aval. Especialmente cuando el avalista no es un banco.
4. El documento es cierto y veraz, si hay dudas el vendedor puede solicitar a su banco que contacte con el banco avalista para que lo ratifique.

En España, los avales y garantías deben de anotarse en un registro especial creado en 1979 por la derogada Circular 172 del Banco de España, actualmente se regula en la Circular 4/2017.

Cada entidad de crédito dispone de su Registro de Avales, que tiene carácter confidencial. (No hay registro central a disposición del público).

Norma 71. Registro de avales, apoderamientos y procedimientos.
1. Los avales y demás cauciones prestados se inscribirán, consecutiva y cronológicamente, en un registro centralizado de avales en el que constarán, necesariamente, los siguientes datos: fecha en que se presta; número de registro; personas que se avalan o garantizan; importe, vencimiento y naturaleza de la obligación garantizada y ante quién se garantiza; garantías reales prestadas, en su caso, por la entidad avalista; fedatario público interviniente; fechas de declaración por primera vez a la Central de Información de Riesgos y de cancelación del aval, y observaciones.

Como complemento del mencionado registro, se custodiarán, debidamente ordenadas, copias íntegras de los documentos en los que se han prestado las garantías. Dichos documentos, a continuación de la fórmula de aceptación, aval, garantía o caución, incluirán, incluso en las copias que se entreguen a terceros, la siguiente expresión: «El presente–(aval, garantía, caución, aceptación, etc.) ha sido inscrito en esta misma fecha en el registro especial de avales con el número–», seguida del lugar, la fecha y las firmas. En su caso, también se custodiarán los documentos que acrediten la cancelación del aval.

2. Las entidades establecerán procedimientos que permitan un adecuado registro, control, seguimiento y archivo de los apoderamientos otorgados, tanto generales como especiales, así como de los procesos judiciales y administrativos abiertos contra o por la entidad, que habrán de mantenerse regularmente actualizados y periódicamente revisados por el Departamento de Auditoría Interna.

Avales y garantías internacionales. Standby,s letter of credit.

Arquitectura jurídica de las garantías (España).

Las líneas maestras en el diseño jurídico de las garantías son la relación jurídica garantizada y el principio de libertad de pactos y su juego en los documentos de garantía.

Las garantías se apoyan en un sustrato, se asientan en un terreno que no es otro que el de la relación jurídica de base garantizada. La garantía es un negocio jurídico superpuesto al negocio jurídico principal subyacente.

La concepción causal de nuestro Derecho, que hace de la causa un elemento esencial del contrato (artículo 1261, 3.º, del Código Civil), impone la vinculación entre garantía y obligación garantizada, cuyo afianzamiento es la causa de aquella.

El régimen jurídico de cada garantía viene establecido por su propio contenido y, a través de los puentes que la garantía tienda a la relación jurídica base garantizada, por el contenido de esta última, en cuanto a su existencia, vigencia, validez, exigibilidad y efectos que conciernan a la esfera de lo garantizado.

De este modo, el texto de la garantía debe:

1. Permitir su calificación jurídica inequívoca.

2. Posibilitar la identificación segura del régimen legal aplicable, cuando se trate de garantías sujetas a normas de Derecho especial.

3. Determinar y concretar la obligación garantizada.

4. Fijar la duración o vigencia de la garantía, que en buena práctica jurídica debiera ser algo mayor que la de la obligación afianzada, y para el que la jurisprudencia ha acuñado la expresión plazo de garantía.

5. Señalar un plazo para su exigibilidad, el plazo de caducidad, que no debería empezar en la fecha límite de la vigencia de la fianza (de su plazo de garantía), pues el incumplimiento del afianzado podría, en ciertos supuestos, producirse con anterioridad, ni tampoco coincidir con aquella fecha, ya que haría imposible en algunos casos la exigibilidad de la garantía; en otras palabras, de establecerse un plazo de exigibilidad (o de caducidad) de la fianza, lo adecuado puede ser que comience en la fecha de otorgamiento de la garantía y se prolongue por un período razonable posterior a la duración máxima de la misma.

6. Establecer, eventualmente, determinados requisitos para su exigibilidad, normalmente de aportación documental, que debe cumplir el beneficiario al reclamar la garantía.

*Fuente cuadro: Banco de España.

Avales y garantías internacionales. Standby,s letter of credit.

3. Las garantías internacionales.

Las emiten principalmente los bancos en favor de sociedades y organismos de otros países, públicos y privados, para garantizar por cuenta de sus clientes el cumplimiento de obligaciones que estos últimos tienen contraídas ante los beneficiarios.

1. Sirven de prevención del riesgo en los negocios internacionales, para disuadir de un posible incumplimiento y como mecanismo de resarcimiento para el perjudicado por los daños causados si se incumple el contrato.

2. Los riesgos inherentes a las operaciones económicas internacionales y la desconfianza e incertidumbre, han convertido en exigencia el otorgamiento de garantías sobre el cumplimiento de las obligaciones contractuales.

3. No generan por sí solas movimientos dinerarios, cobros o pagos, ya que únicamente se ejecutan en caso de incumplimiento de las obligaciones y/o los compromisos garantizados.

Las garantías, nacionales e internacionales, pueden emitirlas también otras entidades financieras distintas de los bancos, como las compañías aseguradoras, financieras, empresas privadas, e incluso personas particulares.

Ejemplo: La multinacional Internacional Exporters Ltd., con sede en Londres, emite una garantía a favor de Banco Hispania, S.A. Madrid, para que le conceda facilidades financieras a su filial Exportadora Española, S.A.

Texto de la garantía.

Por medio de la presente garantía y con carácter solidario, nosotros Internacional Exporters, Ltd., con domicilio en . . . . . . Londres, Reino Unido, garantizamos y afianzamos irrevocablemente a Banco Hispania, S.A. sucursal de Madrid, España, las facilidades crediticias que conceda a la firma Exportadora Española, S.A., con domicilio en . . . . . Zaragoza, España.

Nuestra garantía cubre cualquier riesgo de la firma Exportadora Española, S.A. con ustedes, se trate de préstamos, créditos, descubiertos en cuenta, garantías emitidas y, en general, cualquier operación que implique riesgo para Banco Hispania, S.A.

En virtud de nuestra garantía nos comprometemos irrevocablemente a pagar a ese Banco Hispania, S.A. el importe que nos reclame por carta certificada, courier, telegrama internacional o mail, hasta un máximo de euros 300.000,00 (trescientos mil euros), en concepto de principal, intereses, gastos, impuestos y comisiones que ustedes nos indiquen, con la única condición de que su reclamación mencione que los importes solicitados corresponden a operaciones concedidas por ustedes a Exportadora Española, S.A., impagadas a su vencimiento.

Nuestra garantía es válida por el plazo de un año a contar de la fecha de su emisión, y ese Banco Hispania, S.A. queda autorizado desde ahora a presentarnos reclamaciones en virtud de la misma en la forma arriba indicada, en cualquier momento dentro del periodo de validez, que a efectos de reclamación se amplía en treinta días naturales.

Declaramos que los abajo firmantes cuentan con los poderes y la autorización para asumir en nombre de Internacional Exporters. Ltd. los compromisos que se adquieren en virtud de esta garantía.

Avales y garantías internacionales. Standby,s letter of credit.

Esta garantía se emite y ha de ser interpretada de acuerdo con la ley inglesa, y está sujeta a la jurisdicción de los tribunales de Londres, Reino Unido, de manera exclusiva, que aceptamos expresa e irrevocablemente.

Londres, a 02 de enero de 2024.
Internacional Exporters. Ltd.
P.P.

Fin texto de la garantía.

*En el texto se ha incluido la ley inglesa, de las más utilizadas por ser conocida y tratar con equidad los conflictos relacionados con garantías internacionales.
*Banco Hispania acepta el texto de la garantía, pues no incluye cláusulas que puedan impedir o retardar su ejecución en caso de incumplimiento (impagos) de la firma Exportadora Española, S.A.

3.1 Las partes que intervienen en las garantías.

El garante. Es la persona que actúa como fiador o avalista, normalmente un banco u otro tipo de entidad financiera.

El principal (ordenante o avalado). Es la persona garantizada. Puede ser el deudor obligado principal o una tercera persona.

Beneficiario. Es la persona a la que se presenta la garantía y ante la que el garante asume la responsabilidad de pago, por cuenta del avalado (el principal).

Banco avisador. Es un elemento ajeno al compromiso que se adquiere con la emisión de una garantía, su intermediación obedece a la necesidad de que un banco local de otro país la comunique fehacientemente al beneficiario.

En ocasiones el banco emisor, o el ordenante que la recibe del banco, envía la garantía física al beneficiario, si bien por seguridad es aconsejable que se pase por mensajería Swift a un banco local del país del beneficiario para que la avise.

3.2 Naturaleza de las garantías internacionales.

Son transacciones separadas e **independientes** de los contratos en que pueden basarse, los garantes no están condicionados ni sujetos a dichos contratos, independientemente de que se haga o no referencia a ellos en la garantía.

La opinión jurídica las caracteriza como negocios no subordinados a la obligación principal garantizada, de la que son accesorias en cuanto a la existencia, vigencia, validez y exigibilidad de la relación jurídica base y al incumplimiento del afianzado /avalado.

Tienen el efecto de invertir la carga de la prueba que, de pesar sobre el beneficiario en las garantías simples y solidarias, pasa a gravitar sobre el fiador o garante, que ha de probar el cumplimiento del afianzado para rechazar hacer frente a la solicitud de pago.

La garantía internacional a primer requerimiento, independiente y de carácter abstracto, fue construida por la banca europea desde la fianza, al desvincularla del contrato subyacente y acabar con su carácter accesorio.

Avales y garantías internacionales. Standby,s letter of credit.

El garante, que generalmente es un banco, se obliga ante el beneficiario a pagar una suma de dinero cuando le notifique el incumplimiento del deudor (ordenante), sin que el beneficiario tenga que acreditar dicho incumplimiento.

3.3 Datos que debe contener el texto de una garantía.

El texto debe ser de fácil interpretación y dejar muy claras las condiciones en que es ejecutable y contra que documentación. Los datos base que ha de contener son:

1. Nombre y domicilio del garante.
2. Nombre y domicilio del principal (ordenante).
3. Nombre y domicilio del beneficiario.
4. La causa que requiere la emisión de la garantía.
5. Moneda e importe garantizado.
6. Vencimiento o plazo por el que se emite. A este respecto, en los avales de duración determinada es posible que su plazo de duración se configure como:
   1. Plazo de garantía. Nacidas las obligaciones garantizadas durante la fecha de vigencia del aval, la reclamación correspondiente a su cumplimiento puede llevarse a cabo una vez finalizado, durante el plazo general de prescripción de las acciones para exigir el cumplimiento de obligaciones de carácter personal.
   2. Plazo de caducidad, de manera tal que, automáticamente, al transcurrir el plazo fijado quedan extinguidos los efectos de tal aval.
7. Condiciones y términos en los que debe solicitarse el pago.
8. La jurisprudencia a que se someten las partes en caso de litigio.
9. Otros datos de interés, como excusión, división y orden, irrevocabilidad o solidaridad, a primer requerimiento, etc. etc.

A primer requerimiento (at first demand).

Las garantías internacionales se suelen emitir a primer requerimiento (at first demand) y posibilitan al beneficiario el requerimiento directo al garante, dispensándole de la necesidad de requerir previamente al obligado principal.

La garantía o aval a primera demanda o primer requerimiento es un contrato autónomo de garantía que cumple una función garantizadora tendente a conseguir la indemnidad del acreedor beneficiario frente al incumplimiento por el deudor ordenante de su obligación contractual.

- El modo a primer requerimiento es frecuente que aparezca en el texto para añadir fortaleza a la garantía.
- La garantía a primer requerimiento es independiente de la operación subyacente de la que trae causa.

El garante se obliga a pagar al beneficiario una determinada cantidad de dinero, a primer requerimiento, cuando el benericiario le notifique no haber obtenido determinada prestación derivada de la relación contractual (incumplimiento del afianzado).

El beneficiario presenta al garante una reclamación detallando el incumplimiento del avalado, y si en el texto se especifican puede ir acompañada de ciertos documentos.

3.4 Sometimiento y tribunales o arbitraje.

Debe figurar en el texto como se resolverán las discrepancias que puedan existir entre las partes intervinientes, normalmente suelen acogerse a:
- La jurisprudencia del país del garante.
- La jurisprudencia del país del beneficiario (habitual en licitaciones).
- La jurisprudencia de un tercer país.

Cuando la garantía se somete y acepta las reglas uniformes para demanda de garantías (publicación nº 758) de la Cámara de Comercio Internacional, de acuerdo con los artículos 34 y 35, salvo indicación contraria, la ley y jurisdicción aplicable (subsidiaria de las URDG 758) es la de la plaza del garante (emisor de la garantía).

Puede resolverse en:
a. Los tribunales del país del importador o del exportador.
b. Los tribunales de un tercer país
c. En la Corte de Arbitraje de la Cámara de Comercio Internacional de París.
d. En la Corte de Arbitraje de otro organismo o Cámara de Comercio, no en la CCI.

El organismo y lugar elegido deben de figurar en el texto de la garantía.

El sometimiento al arbitraje de la Cámara de Comercio Internacional es una práctica muy en uso, pues al conocer las partes las reglas a que se someten, se evitan discrepancias respecto a su ejecución.

3.5 Cláusula de garantía sometida a ley extranjera.

Cuando el cliente ordenante solicita a su banco una garantía cuyo texto no puede ser modificado, sometida a una legislación extranjera, si el banco lo acepta, el cliente asume que el banco no responderá de las deficiencias de los textos que se le facilitan.

El cliente responde frente al banco de los gastos que puedan derivarse por la emisión de los avales o garantías que puedan originar las reclamaciones judiciales o extrajudiciales de las mismas.

Respecto a que se emita sometida a una legislación extranjera, el cliente conviene que el banco no está obligado a cancelar el riesgo por su emisión hasta que no tiene, a su solo juicio, conocimiento fehaciente de la extinción de dicho riesgo.

El cliente, asimismo, da su conformidad a que si el banco es requerido de pago, atienda a los requerimientos de pago sin tener que examinar la procedencia o no de las reclamaciones.

Cuando el cliente solicita a su banco la emisión de la garantía sometida a la legislación de otro país, lo habitual es que firme, y de su conformidad, utilizando un modelo de solicitud que bien podría ser el siguiente:

Solicitud de aval / garantía sometido a ley extranjera.

En _____, a _____, solicita al Banco Hispania, S.A., sucursal de Zaragoza, España, la expedición de una garantía ante _____ por un importe de _____ euros, de duración _____ para _____.

La garantía deberá emitirse conforme al texto que a continuación se señala, sin que pueda ser objeto de modificación alguna; consecuentemente asumimos que el Banco no responde de las deficiencias

Avales y garantías internacionales. Standby,s letter of credit.

del citado texto y responderemos ante el Banco de cualesquiera gastos que pudieran derivarse por la mencionada emisión; muy especialmente, y dado que la garantía está sometida a la legislación de _____, responderemos ante el Banco de cualesquiera gastos que se pudieran originar por la reclamación judicial o extrajudicial del aval.

Asimismo, y dado que la garantía se somete a dicha legislación de _____, en virtud del presente documento reconocemos que el Banco no estará obligado a cancelar el riesgo asumido por la emisión de la misma hasta que no tenga, a su solo juicio, conocimiento fehaciente de la extinción de dicho riesgo.

Igualmente, si el Banco fuese requerido de pago al amparo de la citada garantía, por la presente damos nuestra conformidad a que atienda al pago sin tener que examinar la procedencia o no de la reclamación.

3.6 Pago, prórroga y/o cancelación de la garantía.

- **Pago.** El texto de la garantía debe de ser sencillo y de la mayor claridad, debiendo quedar perfectamente definido y sin lugar a dudas *"como, cuando y contra presentación de que documentos se puede ejecutar la garantía (solicitar su pago)"*.

El artículo 14 de las URDG 758 de la Cámara de Comercio Internacional establece algunas condiciones relativas a la presentación del requerimiento de pago, que afectan a las garantías sometidas a dichas normas y pueden tomarse como ejemplo en general.

1. La presentación de un requerimiento o de documentos debe hacerse al garante en el lugar de emisión, o en el lugar especificado en la garantía, en o antes del vencimiento.

2. Una presentación debe ser completa, salvo que la propia presentación indique que se completará en un momento posterior, en cuyo caso debe serlo antes de vencimiento.

3. Una presentación debe ser en papel, salvo que la garantía permita presentación electrónica.

4. Si se solicita presentación electrónica, la garantía debe especificar el formato y la dirección electrónica. Si no indica el formato, cualquier formato será válido.

5. Cualquier presentación debe identificar claramente la garantía.

6. Salvo que la garantía lo estipule de otra forma, los documentos emitidos por el beneficiario, o en su nombre, serán en el idioma de la garantía. El resto de documentos puede ser en cualquier idioma.

Modelo posible de carta de la entidad financiera emisora al avalado comunicando la ejecución de aval /garantía /standby.

(AVALADO)... (ordenante del aval) ...
domicilio C./ .... Ciudad

Lugar y fecha . . . . 2023.

Muy Sres. nuestros:

Avales y garantías internacionales. Standby,s letter of credit.

Por la presente (carta, telegrama, etc.) les notificamos, previamente requeridos por ... *(el beneficiario de la garantía)* ..., que vamos a proceder a pagar en un plazo de ... *(normalmente cinco)* ...días naturales, a contar desde la fecha de emisión de esta comunicación, a .... *(el beneficiario de la garantía)* ... la cantidad de ... *(puede el total o parcial del importe avalado)* ... euros importe del aval /garantía /standby prestado por este Banco, como fiador de Vdes, el día ... *(fecha de emisión del aval)* ..., e inscrito en el Registro Especial de Avales y Garantías con el número ...., para responder de... *(se indican las obligaciones de que responde el aval)* ...

Atentamente,
Banco Hispania, S. A.
P.P.

- **Cancelación.** Debe entenderse la garantía como cancelada cuando se puede acreditar de forma clara y determinante el cumplimiento de la obligación garantizada. Como norma general, una garantía se considera cancelada:

1. Cuando el garante recibe devuelto el documento original de la garantía si se emitió en documento físico, junto con un escrito del beneficiario comunicando su cancelación.

2. Cuando el garante recibe una declaración por escrito del beneficiario comunicando que se han cumplido las obligaciones garantizadas (si se emitió por mensajería Swift recibe un mensaje del banco avisador comunicando que el beneficiario autoriza la cancelación).

3. Si la garantía es a vencimiento fijo y llegado este si no se ha producido requerimiento de pago del beneficiario.

   A vencimiento fijo, como salvaguarda ante una posible ejecución después de la fecha, es aconsejable incluir un párrafo que indique "llegada la fecha de vencimiento, la garantía se considerará nula y sin efecto si en el domicilio indicado para presentar los documentos no se ha recibido la solicitud de pago, no atendiendo después de esa fecha ninguna solicitud que se reciba", o un párrafo similar.

4. En el caso de que la carta de garantía original se haya perdido o destruido sin que se haya alcanzado el vencimiento, el garante necesita para su cancelación una autorización expresa del beneficiario o una acreditación de que quedaron cumplidas las obligaciones que recogía el contrato avalado.

- **Prórroga o pago.** Es una opción que puede tener el beneficiario de una garantía internacional a primer requerimiento. En algunos países, la práctica del "prórroga o paga" es muy frecuente y puede conducir a repetidas prórrogas de la validez de la garantía.

La prórroga puede ser indeseada para el ordenante, y también puede ocurrir que se solicite con fines comerciales legítimos, como por la prórroga del contrato subyacente.

Si el beneficiario no acepta la prórroga, el garante debe pagar en el lugar de pago indicado en la garantía, así que al ordenante no le queda más remedio que aceptar la prórroga o pagar.

Si la garantía está sometida a las URDG, está práctica está regulada en el **Art. 23 de las URDG 758 de la Cámara de Comercio Internacional:**
- Si un requerimiento conforme contiene como alternativa la posibilidad de prórroga, el garante podrá suspender el pago por un período que no exceda los 30 días naturales.

Avales y garantías internacionales. Standby,s letter of credit.

- Si la parte instructora no acepta la prórroga, el requerimiento deberá ser pagado sin necesidad de presentar un nuevo requerimiento.
- El garante puede rechazar la prórroga, incluso si la parte instructora la requiere, en cuyo caso el pago será inmediato.
- Si el garante acepta la prórroga deberá comunicarlo a la parte que se la solicitó.

Cancelación de la garantía por devolución del documento original.

El criterio que en España se utilizaba era que bastaba con la devolución del original de la garantía para proceder a su cancelación, en la presunción de que la voluntad del beneficiario era proceder a su cancelación.

Mantener actualmente ese criterio puede llevar a la situación de que una vez cancelado el aval por el garante sea objeto de legítima ejecución por su beneficiario, aunque no posea el documento original

En diversas sentencias, como la del Tribunal Supremo (Sala de lo Civil, Sección 1ª), Sentencia núm. 81/2014, se considera que, para la cancelación de una garantía contra la presentación del beneficiario al garante del original, el garante debe tener total certeza de que el original lo ha devuelto con la voluntad de que se proceda a su cancelación.

Cuando la certeza no existe, debe acompañar al original del aval una carta del beneficiario en la que declara que devuelve el original y se puede proceder a cancelar el aval o la garantía, al no existir obligaciones de pago pendientes.

La base que fundamenta este criterio radica en dos puntos:
1. Que no se debe presumir que la devolución del original de un aval o garantía ha sido efectuada voluntariamente por el beneficiario y que se ha hecho con vocación de que se proceda a su cancelación.
2. Que no se puede exigir al beneficiario de una garantía estar en posesión del original para ejercitar su derecho a reclamar cumplidos todos los requisitos para su exigibilidad.

Modelo de carta del beneficiario cancelación de garantía.

En _____ a _____ de 2024 .

Muy Sres. Nuestros:

Con fecha ……, se presenta ante ese … (*entidad garante*) original de garantía bancaria número …… en garantía de ………, por un importe de …… Euros, con plazo de vigencia -------, e inscrito en el Registro Especial de Avales y Garantías con el número ……

Junto con la devolución del original de la mencionada garantía, declaramos por la presente que no existen responsabilidades pendientes dimanantes del aval descrito, y por ello pueden proceder a la cancelación del mismo.

Atentamente,
Firma del beneficiario.

3.7 La fianza y su diferenciación respecto a la garantía.

Es corriente el uso de los términos "fianza" o "garantía", indistintamente, en los textos de los documentos de garantía, por lo que, al utilizar estos términos debe conocerse su significado y lo que en si conllevan uno y otro.

Los diferentes sistemas jurídicos nacionales no son uniformes en cuanto al tratamiento de los términos "garantía", "fianza", "caución", "seguro", etc. En la práctica, las empresas internacionalizadas los utilizan como sinónimos.

Hay una importante diferencia de carácter jurídico y práctico entre la garantía "a primer requerimiento" y la fianza "de caución":

- **Las garantía "a primer requerimiento"** es similar a "dinero contante" para el beneficiario, que sólo tiene que presentar un requerimiento formal para obtener el pago.

  Las garantías a primer requerimiento son un mecanismo esencial y básico en las transacciones internacionales.

  Desde el punto de vista jurídico, la garantía a primer requerimiento es un compromiso independiente y autónomo del contrato subyacente.

  La obligación de la garantía se establece entre el garante y el beneficiario y obliga al primero, independientemente de la capacidad o incapacidad del ordenante de reembolsar al garante.

- **La fianza "de caución"** es condicional, ya que el beneficiario debe probar que tiene derecho a recibir el dinero, por ejemplo, presentando una sentencia judicial o un laudo arbitral antes de que el fiador pague.

  El beneficiaro, para reclamar al amparo de una fianza, debe de ser capaz de probar documentalmente que el ordenante no ha cumplido sus obligaciones contractuales. Sólo puede por lo efectivamente incumplido.

  El fiador conserva los derechos del contrato subyacente y puede obligarse a menos, pero no a más que el deudor principal, en la cantidad y en lo oneroso de las condiciones.

La fianza es una obligación que tiene carácter subsidiario, puede pactarse de manera solidaria y **con la renuncia** a los beneficios de excusión, orden y división. **El "beneficio de excusión" impide que el acreedor reclame al fiador si antes no ha sido agotado el patrimonio del deudor principal.**

En el comercio internacional las más utilizadas son las "garantías a primer requerimiento o a primera demanda", sus diferencias con respecto a las fianzas son:
1. El beneficiario puede reclamar el pago al garante sin haberlo solicitado antes al principal u ordenante. *En la fianza, el fiador sólo debe cumplir en el caso de que no lo haga el afianzado.*

Avales y garantías internacionales. Standby,s letter of credit.

2. La obligación del garante es autónoma e independiente de la obligación del deudor. *En la fianza la obligación del fiador tiene un carácter accesorio, únicamente se puede requerir el pago al fiador si el deudor principal incumple su obligación.*

3. El garante no puede oponerse al pago al beneficiario basándose en las excepciones derivadas del contrato subyacente. *Se invierte la carga de la prueba respecto a la fianza, ya que corresponde al ordenante probar la ejecución indebida de la garantía por el beneficiario.*

4. El garante no adquiere ni conserva los derechos del contrato subyacente. *El fiador conserva los derechos del contrato subyacente y puede "obligarse a menos que el deudor, pero no a más, tanto en la cantidad como en lo oneroso de las condiciones*

5. Las garantías internacionales no están condicionadas ni sujetas a los contratos, aunque se haga referencia a ellos en la garantía. *La cesión del contrato subyacente lleva aparejada la cesión de la fianza, la nulidad del contrato lleva aparejada la nulidad de la fianza.*

6. En una garantía internacional en caso de reclamación judicial contra el garante, son competentes los tribunales que figuran en la garantía y, ante la ausencia de indicación, los correspondientes a su propio domicilio. *A falta de disposición expresa, en la fianza, los tribunales competentes para resolver los litigios que se produzcan son los competentes para conocer el contrato básico garantizado.*

En España.

El artículo 1822 del Código Civil define la fianza como aquel negocio jurídico en virtud del cual se obliga uno a pagar o cumplir por un tercero en el caso de no hacerlo este último.

El artículo 1830 del Código Civil indica que, salvo renuncia expresa o de tener carácter solidario, "el fiador no puede ser compelido a pagar al acreedor sin hacerse antes excusión de todos los bienes del deudor", primero se ha de obtener todo lo posible de los bienes del afianzado y luego se exige al fiador lo que falta.

A diferencia de las promesas de pago (garantías a primer requerimiento, cartas de crédito standby y créditos documentarios), la fianza no es independiente.

Sólo si ha habido incumplimiento probado de las obligaciones de la parte garantizada, y en la medida de dicho incumplimiento, está obligado el garante a atender las demandas del beneficiario.

Quien afianza a un tercero, el fiador, no puede ser obligado a pagar si la entidad no ha reclamado previamente al deudor principal, resultando infructuosa dicha reclamación, salvo que se indique expresamente que la fianza tiene carácter solidario.

La garantía de tipo accesorio o fianza es más de tipo asegurador que bancario y no es bien aceptada en el comercio internacional.

Avales y garantías internacionales. Standby,s letter of credit.

Ejemplo de fianza internacional.

Exportadora Textil Española, S.A., continuando su política de expansión internacional, ha firmado un contrato con la firma inglesa Textile Distribution, Ltd., para la distribución de sus productos en el Reino Unido, por el plazo de dos años.

La firma británica utiliza como medio de pago cheques de cuenta, aduciendo la inexistencia de riesgo país y que no desea incurrir en los gastos que conllevaría utilizar otros medios de pago.

El director de exportación de Exportadora Textil Española, S.A. solicita una fianza (payment bond) por 300.000 euros, importe que representa el riesgo vivo máximo (cobros pendientes) que asumirán con Textile Distribution, Ltd.

TEXTO

Midland Bank, con domicilio en 1234 de Finsbury Square, en Londres, representado por Mr. Laurent Brown y por Mr. Alexis Smith.

AVALA

A la firma Textile Distribution, Ltd., con domicilio en el 4321 Picadilly Circus, de Londres, Reino Unido, el comprador, ante la firma Exportadora Textil Española, S.A. con domicilio en la calle Gran Vía, 4567 en Zaragoza, España, el vendedor, en concepto de fianza para responder del pago de las compras efectuadas por el comprador al vendedor.

El importe avalado es por y hasta la cantidad de euros 300.000.- (trescientos mil euros), con renuncia expresa a los derechos de excusión, división y orden.

La presente fianza se considera válida por el plazo de dos años, a contar de su fecha de expedición.

La falta de pago de dichas compras se demostrará ante Midland Bank mediante la presentación:

1. Cheques cuyo legítimo tenedor sea la firma Exportadora Textil Española, S.A.

2. Copia de las facturas impagadas a las que corresponden los cheques.

3. Una declaración del vendedor de que los cheques fueron presentados al cobro y se recibieron devueltos impagados.

4. Una declaración del vendedor de que ha solicitado al comprador que realice el pago de las facturas impagadas y no ha recibido el importe solicitado.

Todos los gastos y comisiones de esta fianza fuera del Reino Unido son por cuenta del vendedor.

Con cada pago que se realice bajo esta fianza, nuestro compromiso se reducirá prorrata.

Esta fianza se rige por la ley inglesa, a cuyo efecto se conviene y aceptamos desde ahora la expresa sumisión a los jueces y tribunales de Londres, Reino Unido, con renuncia a cualquier otro fuero.

Avales y garantías internacionales. Standby,s letter of credit.

Esta fianza ha sido inscrita en esta misma fecha en el registro especial de avales y garantías con la referencia 1234567890.

En Londres, a 2 de enero de 2.024.

FIN TEXTO

> Pueden ser otros los documentos que se soliciten para la ejecución de la fianza, según el acuerdo respecto al medio de pago a que hayan llegado el exportador y el importador, como, por ejemplo:
>
> - Efectos o pagarés impagados, protestados o no por falta de pago.
> - Documentos de transporte y otros documentos comerciales.
> - Declaración del beneficiario de que la firma afianzada (importador) no ha efectuado el pago a su vencimiento.

Ejemplo de una garantía internacional a primera demanda.

Exportadora Española, S.A. ha conseguido un contrato en Emiratos Árabes Unidos por importe de dólares Usa 1.000.000, -, para el montaje de una planta de reciclado de aguas residuales.

La firma EmArU-Watering, Ltd. exige una garantía a primer requerimiento de cumplimiento de contrato por el 10% del precio total y Exportadora Española, S.A. solicita su emisión a Banco Español, S.A.

TEXTO

Banco Español, S.A. Zaragoza, España
- Garantía de cumplimiento de contrato (Performance guarantee) -

Beneficiario: EmArU-Watering, Ltd.

Referencia: nº 00/37ES/EXP

Hemos sido informados que ustedes han concluido un contrato el 02.09.2021 con la firma Exportadora Española, S.A., domicilio en calle Gran Vía, 4567 Zaragoza, España, para el montaje de una planta de reciclado de aguas residuales, al precio total de dólares Usa. 1.000.000.- (un millón de dólares de los Estados Unidos de América del Norte).

De acuerdo con este contrato, Exportadora Española, S.A. ha sido requerida para proveerles con una garantía de cumplimiento de contrato por dólares Usa. 100.000,00 (cien mil dólares de los Estados Unidos de América del Norte), que representa el 10 por ciento del importe total del contrato.

Conforme a lo indicado, nosotros Banco Español, S.A., irrevocablemente, nos comprometemos a pagarles cualquier importe hasta un máximo de dólares Usa. 100.000.- (cien mil dólares de los Estados Unidos de América del Norte), contra recepción de su requerimiento de pago por escrito manifestando que Exportadora Española, S.A. no ha cumplido sus compromisos de conformidad con el citado contrato, indicando que términos no se han cumplido.

Con el fin de que pueda ser identificado su requerimiento de pago, ha de ser presentado a través de su banco en Emiratos Árabes Unidos, que conformará y autentificará sus firmas, indicando que los firmantes del requerimiento de pago están legalmente autorizados para ese acto.

Nuestra garantía tiene de validez hasta el 02.01.2025, fecha en la que vencerá en su totalidad y automáticamente si no está en nuestro poder su requerimiento de pago, independientemente de si hemos o no recibido devuelto este documento.

Con cada pago que se realice bajo esta garantía, nuestro compromiso se reducirá prorrata.

Esta garantía ha sido inscrita en esta misma fecha en el Registro Especial de Avales y Garantías con la referencia 1234567890.

Esta garantía se regirá por la ley española, a cuyo efecto se conviene y aceptamos desde ahora la expresa sumisión a los jueces y tribunales de Madrid, con renuncia a cualquier otro fuero.

En Madrid, a 02 de enero de 2.024
Banco Español, S.A.

FIN TEXTO

> **España: ¿Hasta cuándo la entidad bancaria puede cobrar comisiones por un aval o garantía?**
>
> En relación al cobro de comisiones por la entidad de crédito, indica la sentencia del Tribunal Supremo de España, de 28 de diciembre de 1992 que «siendo operativo el aval en tanto en cuanto se mantenga la posibilidad de ejercitar acciones reclamatorias por obligaciones surgidas durante el plazo de garantía y aún no satisfechas», el aval no ha quedado extinguido y, por tanto, la entidad de crédito «tiene un perfecto derecho a poder exigir las contraprestaciones acordadas en la relación interna entre tal fiador y los deudores solidarios».

3.8. Excusión, división y orden.

La obligación del fiador surge al otorgar la fianza, y se materializa cuando el afianzado incumple su obligación.

Ostentar la figura de fiador implica gozar de beneficios oponibles al acreedor, pues el fiador puede oponer los beneficios de excusión, división y orden.

Es habitual que, en las fianzas nacionales e internacionales, también en algunas garantías internacionales e incluso en las standby, s letter of credit, figure en el texto la **renuncia expresa del** fiador a los beneficios de excusión, división y orden: "El fiador garantiza el cumplimiento de la presente fianza /garantía /standby en todos sus términos, con renuncia expresa a los beneficios de orden, excusión y división."

Normalmente el beneficiario exige la renuncia de dichos beneficios, pues no desea que haya inconveniente alguno si tiene que ejecutar la fianza, garantía o standby, pues las legislaciones de algunos países, incluido España, los contemplan.

Dada la importancia de estos beneficios para el fiador /garante, conviene aclarar su finalidad y significado, para entender el motivo por el que el beneficiario suele exigir su renuncia:

- **Excusión.** Es el beneficio que tiene el fiador por el que no está obligado a que se le exija el pago de la obligación garantizada en tanto no se hayan agotado los bienes del deudor.

    El beneficio de excusión supone que el fiador no puede ser compelido a pagar sin hacerse antes excusión de todos los bienes del deudor (artículo 1830 del Código Civil español).

    En España la excusión no tiene lugar (artículo 1831 del Código Civil) cuando:
    1. El fiador ha renunciado expresamente a ella.
    2. El fiador se ha obligado solidariamente con el deudor.
    3. En el caso de concurso del deudor.
    4. Cuando el fiador no puede ser demandado judicialmente en España.

- **División.** Siendo varios los fiadores de un mismo deudor, por una misma deuda, la obligación de responder se divide entre todos los fiadores.

    Conforme a este beneficio, el acreedor sólo puede reclamar a cada fiador la parte que le corresponda satisfacer, salvo que haya pacto de solidaridad.

    El artículo 1837 del Código Civil de España indica que: «Siendo varios los fiadores de un mismo deudor y por una misma deuda, la obligación a responder de ella se divide entre todos.

    En España, el beneficio de división contra los cofiadores cesa en los mismos casos y por las mismas causas que el de excusión.

- **Orden.** El acreedor debe reclamar primero al deudor (obligado principal) y luego al fiador.

    El beneficio de orden implica que el fiador ha de ser reclamado después que el obligado principal.

    La renuncia a este beneficio por el fiador posibilita al beneficiario reclamarle el pago sin darle cuenta de si ha reclamado previamente al obligado principal.

Los acreedores /beneficiarios, cuando las fianzas y garantías se someten a leyes nacionales, suelen imponer la renuncia expresa del fiador /garante a estos beneficios de Excusión, División y Orden.

4. Las garantías internacionales más utilizadas.

4.1. Garantía de licitación (Bid-Bond o Tender-Bond). Su finalidad es asegurar la seriedad de la oferta presentada.

Avales y garantías internacionales. Standby,s letter of credit.

Es una garantía obligatoria cuando se participa en un concurso ante la Administración Pública o privada, con la finalidad de garantizar el compromiso del concursante y su participación hasta el final del proceso, para que no retire ni modifique su oferta hasta la adjudicación del contrato.

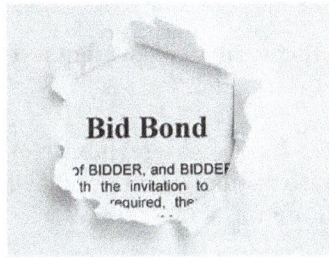

Se utiliza para concursar en la adjudicación de un contrato de suministro de bienes y/o servicios, bienes de equipo o construcción de obra pública, en un país extranjero, cuando se solicita una garantía a los licitantes.

Su propósito es asegurar que quien concurre a una licitación no retire o altere su oferta hasta el momento de su definitiva adjudicación y que, de obtener la licitación, acepte y firme el contrato, de conformidad con los términos ofertados.

La garantía se emite cuando la contratación se realizará mediante licitación o concurso, ejecutándola el beneficiario cuando:

- El licitador decide retirarse, se garantiza el pago de una cantidad como indemnización.

- Ha resultado adjudicatario el licitador y debe de responder de los daños ocasionados por rehusar a firmar el contrato.

Su finalidad principal es acceder a ofertas de organismos públicos o privados, para concesión de obras públicas, proyectos llave en mano, suministros de mercancías y prestaciones de servicios.

Asegura la seriedad y el mantenimiento de los términos y condiciones de la oferta del participante.

Suele emitirse por un porcentaje, normalmente entre el 2% y el 5%, del importe sobre el que se licita y el plazo habitual se limita a la fecha prevista de la adjudicación más un plazo adicional que suele estar entre uno y tres meses.

España: El órgano público de contratación que acuerda la exigencia de la garantía lo establece en los pliegos de cláusulas administrativas y determina el importe, con límite del 3% del presupuesto base de licitación, IVA excluido.

Normalmente estas garantías suelen emitirse con el compromiso de que, si el contrato es adjudicado, se enviará una garantía de cumplimiento o funcionamiento.

La entidad bancaria que emite una garantía de licitación, al estudiar el riesgo, normalmente estudia también la concesión de una posible futura garantía de cumplimiento de contrato, ya que de ganar el concurso se verá obligada a emitirla o a pagar la de licitación si no se emite la de cumplimiento.

Modelo de garantía de presentación de oferta en una licitación.

De: Banco Español, S.A.

Para: Saudi Farm and Manufacturers, Ltd.

Garantía de licitación nº 1234GALIC567890.

Fecha: 06 de enero de 2024.

Avales y garantías internacionales. Standby's letter of credit.

Nosotros, Banco Español, S.A., Zaragoza, España, hemos sido informados que Exportadora Española, S.A. (en adelante "el Ordenante"), en respuesta a su anuncio de licitación nº 54321 de fecha 06-12-2023 para el suministro de repuestos para tractores agrícolas y su mantenimiento, les ha remitido su oferta nº 67890 fechada el 25 de diciembre de 2023.

Entendemos que, según las condiciones de la licitación, las ofertas deben presentarse acompañadas de una garantía de licitación.

A petición del Ordenante, nosotros, Banco Español, S.A., irrevocablemente, nos comprometemos a pagarles cualquier suma o sumas que no excedan la cantidad total de 50.000 dólares Usa a su primer requerimiento, que deberá ir acompañado de un certificado escrito emitido por ustedes en el que conste:

a) que el Ordenante ha incumplido sus obligaciones en los términos que figuran en la licitación, y
b) el motivo o motivos por el /los que el Ordenante ha incumplido sus obligaciones.

La presente garantía entrará en vigor el día 15 de enero de 2024 y caducará a más tardar el día 15 de abril de 2024, en esta fecha quedará nula y sin efecto.

Para evitar cualquier malentendido en la identificación de su carta de reclamación, debe ser enviada por courier o correo certificado y recibida por nosotros en o antes de la fecha de caducidad.

Su requerimiento de pago debe de ir acompañada de la declaración de un banco de primer orden de Riyadh, Arabia Saudita, que nos confirme que las firmas que aparecen en su citado certificado vinculan a su compañía, de lo contrario, no se tendrá en consideración.

Todos los derechos y obligaciones que surjan de esta garantía se someten a la Ley española y subsidiariamente a las Normas de la Cámara de Comercio Internacional para Garantías a Primera Demanda (Publicación CCI nº 758).

Toda diferencia resultante de la presente garantía será resuelta definitivamente ante los tribunales de Zaragoza, España.

Fecha, sello y firma de dos apoderados de Banco Español.

Respecto a la cancelación de la garantía de licitación, se produce cuando se extingue la obligación garantizada, y lo es con la perfección del contrato:
- El licitador adjudicatario del contrato constituye la garantía definitiva y la garantía provisional (licitación) se le devuelve.
- El adjudicatario puede aplicar el importe de la garantía provisional a la de cumplimiento de contrato o constituir una nueva garantía definitiva.

4.2. Garantía de cumplimiento de contrato (Performance Bond) o de buena ejecución.

A una garantía Bid Bond la sustituye una Performance Bond, de manera que el exportador o suministrador responde con ella en caso del incumplimiento o cumplimiento defectuoso de sus obligaciones contractuales.

Avales y garantías internacionales. Standby,s letter of credit.

La garantía de cumplimiento o ejecución de contrato es la que presenta una empresa cuando se le adjudica un contrato, por imperativo legal o por exigencia del acreedor, para garantizar el cumplimiento de las obligaciones contractuales.

Asegura un pago al comprador en caso que el vendedor no cumpla de forma adecuada, o de forma completa, o en el tiempo estipulado, con sus obligaciones contractuales.

Cubre el correcto desarrollo de la ejecución de un proyecto, de un suministro de mercancías o servicios, envío y montaje de maquinaria, etc., y previene de los daños ocasionados si hay incumplimiento.

El pago es exigible por causa de incumplimiento del proveedor de cualquiera de sus obligaciones contractuales, por causas a él imputables, siendo el importe reclamado proporcional al monto de las obligaciones incumplidas.

Su contenido puede establecerse respecto a la entrega de la mercancía según las condiciones acordadas, o hacerse extensivo a otros condicionantes como la instalación o reparación durante el periodo de garantía.

Suele emitirse por un porcentaje normalmente del 10% del importe del contrato, aunque puede oscilar entre un 5 y un 20%, y en algunos casos incluso superior.

Ejemplo de garantía de cumplimiento de contrato.

De: Banco Usa, S.A., Saint Paul Branch, Minnesota, USA.
Código Swift: BAUSUSMI

A: Banco Hispania, S.A. Zaragoza, Spain.
Código Swift: BAHIESZA

Por favor, avisen nuestra garantía al beneficiario.

Beneficiario: Importadora Española, S.A. domicilio . . . Zaragoza, España

Estimados señores,

Se nos ha informado que Exportadora USA, S.A. domicilio... Minnesota, USA, (en adelante "el principal"), ha firmado el contrato no.1098765, con fecha 30 de enero de 2024, con ustedes, para el suministro de _ (descripción de bienes y / o servicios).

Además, entendemos que, de acuerdo con las condiciones del contrato, se requiere una garantía a primer requerimiento.

A solicitud del principal, Banco Usa, S.A., nos comprometemos irrevocablemente a pagarle cualquier suma o sumas que no excedan en total una cantidad de . . (_ y en letra _) - suele ser entre el 10 y 15 por ciento del contrato - una vez hayamos recibido su primera demanda por escrito y su declaración por escrito que indique:

I) Que el Principal ha incumplido sus obligaciones según el contrato subyacente; y
II) Respecto a que el que el Principal ha incumplido sus obligaciones.

Avales y garantías internacionales. Standby,s letter of credit.

Esta garantía vencerá el ____, ____, _ a más tardar (dar plazo suficiente, al menos un mes después de la fecha para el suministro o montaje). En esa fecha, esta garantía quedará anulada y sin efecto.

Para evitar cualquier malentendido de claridad e identidad, su solicitud de pago debe enviarse por mensajería courier o correo certificado a nuestros mostradores en Banco Usa, S.A. en el domicilio indicado, antes de la fecha de vencimiento, por un primer banco en España, que debe confirmar que las firmas de su demanda son legalmente vinculantes para su empresa, o no se considerarán válidas.

La presente garantía está sujeta a las Normas de Comercio Internacional para Garantías a Primera Demanda (Publicación 758 de la Cámara de Comercio Internacional).

Todos los desacuerdos que surjan en relación con la presente garantía se resolverán mediante el arbitraje de la Cámara de Comercio Internacional de París.

Saint Paul, Minnesota, a 15 de febrero de 2024.

Texto en carta (modelo genérico) de performance Bond.

To: Nombre del beneficiario
Domicilio
Email.

Fecha de emisión: dd.mm.yyyy
Lugar de emisión: Calle Coso, 36 50001 Zaragoza, España.

Garantía de cumplimiento (Performance Guarantee) No. GA0001-2023

En esta garantía de cumplimiento:

"Ordenante /Applicant": **(Nombre del ordenante y domicilio)**	Española Exportadora, S.A. Vía Hispanidad, 100 50028 Zaragoza, España
"Beneficiary": **(Nombre del beneficiario y domicilio)**	Importadora Mexicana, S.A. Avda. Rio Churubusco, 23 15630 Ciudad de México, México
"Date of Expiry": **(Fecha de vencimiento)**	dd.mm.yyyy (dd.mm.yyyy)
"Undertaking Amount" **(Importe comprometido)**	[moneda] [importe en cifras]
"Underlying Transaction" **(Transacción subyacente)**	Contrato de cumplimiento. Referencia número 00000000000 De fecha dd.mm.yyyy Descripción de las mercancías y/o servicios por un importe de [moneda] [importe en cifras]

Hemos sido informados por Exportadora Española, S.A. que ha realizado la "transacción subyacente" con Importadora Mexicana, S.A.

Avales y garantías internacionales. Standby,s letter of credit.

Para el debido y adecuado cumplimiento de sus obligaciones en virtud de la "transacción subyacente", el ordenante debe proporcionar una garantía de cumplimiento emitida por un banco.

En consideración de lo anterior, nosotros, Banco Hispania Internacional, S.A., Calle Coso, 36 50001 Zaragoza, España, por la presente garantizamos de manera irrevocable e incondicional el pago al Beneficiario, sin presentar ninguna defensa u objeción basada en la "Transacción Subyacente", al recibir una demanda de garantía cualquier monto hasta, pero que no exceda, el importe comprometido . . . (en letra) . . . , dentro de los 7 días hábiles a cualquier cuenta designada por el Beneficiario.

A los efectos de este párrafo anterior, "día hábil" significa un día (no sábado ni domingo) en el que los bancos estén abiertos para actividades comerciales en Zaragoza, España.

Documentos e instrucciones de presentación:
+ Para realizar una demanda en virtud de la presente garantía, el Beneficiario debe presentar un documento llamado "Demanda de Garantía", en papel, en nuestros mostradores en Calle Coso, 36 50001 Zaragoza, España, Attn. Departamento de Garantías, con la declaración del Beneficiario de que el ordenante está incumpliendo sus obligaciones en virtud de la "Transacción subyacente", indicando en qué respecto el ordenante está incumpliendo.
+ En el documento "Demanda de Garantía" debe incluirse la confirmación por un banco internacional de primer nivel de que la(s) firma(s) que aparecen allí son legalmente vinculantes para el Beneficiario.

Esta garantía seguirá siendo válida hasta la fecha de vencimiento y cualquier Demanda de Garantía debe ser recibida por nosotros en esa fecha o antes. Posteriormente, esta garantía debe considerarse nula y sin efecto, independientemente de que se nos devuelva o no la garantía original.

Serán aplicables las Reglas Uniformes para Garantías a Demanda, Publicación ICC N° 758 (URDG 758). Esta garantía se regirá e interpretará de conformidad con la legislación española. Cualquier disputa que surja en virtud o en relación con esta garantía se resolverá exclusivamente por los tribunales de Zaragoza, España, con renuncia a cualquier otro fuero.

Atentamente,
Banco Hispania Internacional, S.A.

Texto anterior transmitido en mensaje Swift MT760 (modelo genérico).

Campo			
	15A	Nueva secuencia:	campo vacío.
	27	Secuencia del total:	1/1
	22A	Finalidad del mensaje:	ISSUE (emisión)
	15B	Nueva secuencia:	campo vacío.
	20	Número del compromiso:	GA0001-2023
	30	Fecha de emisión:	YYMMDD
	22D	Forma de compromiso:	DGAR
	40C	Reglas aplicables:	URDG
	23B	Tipo de vencimiento:	FIXD
	31E	Fecha de vencimiento:	YYMMDD
	50	Applicant/ ordenante:	Española Exportadora, S.A. Vía Hispanidad, 100 50028 Zaragoza, España.
	52A	Emisor (código Swift):	BHINESM
	59A	Beneficiario:	Importadora Mexicana, S.A.

Avales y garantías internacionales. Standby,s letter of credit.

	Avda. Rio Churubusco, 23 15630 Ciudad de México, México.
32B	Importe comprometido: [moneda] [importe en cifras]
45C	Documentos e instrucciones de presentación:

+ Para realizar una demanda en virtud de la presente garantía, el Beneficiario debe presentar un documento llamado "Demanda de Garantía", en papel, en nuestros mostradores en Calle Coso, 36 50001 Zaragoza, España, Attn. Departamento de Garantías, con la declaración del Beneficiario de que el ordenante está incumpliendo sus obligaciones en virtud de la Transacción subyacente, indicando en qué respecto el ordenante está incumpliendo.

+ En el documento "Demanda de Garantía" debe incluirse la confirmación por un banco internacional de primer nivel de que la(s) firma(s) que aparecen allí son legalmente vinculantes para el Beneficiario.

77U Términos y condiciones del compromiso:
.

Garantía de cumplimiento (Performance guarantee).
.

Hemos sido informados por Exportadora Española, S.A. que ha realizado la Transacción Subyacente con Importadora Mexicana, S.A.
.

Para el debido y adecuado cumplimiento de sus obligaciones en virtud de la Transacción Subyacente, el ordenante debe proporcionar una garantía de cumplimiento de un banco.
.

En consideración de lo anterior, nosotros, Banco Hispania Internacional, S.A., Calle Coso, 36 50001 Zaragoza, España, por la presente garantizamos de manera irrevocable e incondicional el pago al Beneficiario, sin presentar ninguna defensa u objeción basada en la Transacción Subyacente, al recibir una demanda de garantía cualquier monto hasta, pero que no exceda, el importe comprometido . . . (en letra) . . . , dentro de los 7 días hábiles a cualquier cuenta designada por el Beneficiario.
.

A los efectos de este párrafo anterior, "día hábil" significa un día (no sábado ni domingo) en el que los bancos estén abiertos para actividades comerciales en Zaragoza, España.
.

Esta garantía seguirá siendo válida hasta la fecha de vencimiento y cualquier Demanda de Garantía debe ser recibida por nosotros en esa fecha o antes. Posteriormente, esta garantía debe considerarse nula y sin efecto, independientemente de que se nos devuelva o no la garantía original.
.

44H Ley que la rige y/o lugar de la jurisdicción: ES (España) / es competencia exclusiva de los tribunales de Zaragoza, España.

45L Detalles de la transacción subyacente:
    Contrato de cumplimiento.
    Referencia número 00000000000
    De fecha dd.mm.yyyy
    Descripción de las mercancías y/o servicios por un importe de [moneda] [importe en cifras]

24E Entrega del compromiso original: MAIL (correo).
24G Entreguen a / Recojan del: BENE (beneficiario).

Avales y garantías internacionales. Standby,s letter of credit.

4.3. Garantía de buen funcionamiento (Good Perfomance).

Se emite cuando se realiza la venta de un bien y en el contrato de compraventa se acuerda la existencia de un período de garantía del buen funcionamiento del equipo, maquinaria, instalaciones o equipos informáticos.

Responde del buen funcionamiento de una instalación, equipo, etc. durante un tiempo después de su entrega, y del pago de una indemnización en caso de reclamación del comprador (beneficiario de la garantía).

Siendo normalmente un banco o una compañía de seguros quien proporciona la garantía, se utiliza para asegurar al comprador que el vendedor cumplirá los proyectos acordados.

En las ventas internacionales que incluyen construcción y desarrollo inmobiliario, las garantías de buen funcionamiento son imprescindibles.

El comprador se cubre de los costes de reparación que pueda tener si el bien se estropea durante el período de garantía y no lo repara el vendedor.

Permite al importador recuperar, durante el período de vigencia de la garantía, los gastos realizados en la reparación del equipo.

El plazo de validez de la garantía suele ser de uno o dos años, pero cuando se incluye construcción el plazo es superior.

Suelen emitirse por un porcentaje entorno al 10/15 por ciento del valor del bien.

Ejemplo de garantía de buen funcionamiento.

De: Banco Hispania, S.A. Zaragoza, España.
Código Swift: BAHIESZA

TO: Banco del Río, Buenos Aires, Argentina.
Código Swift: BARIARBA

Por favor, avisen nuestra garantía al beneficiario, sin compromiso ni responsabilidad por su parte, únicamente a efectos de veracidad.

Beneficiario: Importadora Argentina, S.A. domicilio . . . Buenos Aires, Argentina.

Estimados señores,

Se nos ha informado que Exportadora Española, S.A. domiciliada en Coso, 1000 Zaragoza, España ("el principal"), ha realizado la instalación de una planta de reciclado, según contrato no. 5551555 de fecha 30 de diciembre de 2023.

De acuerdo con las condiciones del contrato, durante el periodo de garantía el principal reparará o reemplazará, sin ningún cargo para el comprador, las piezas o partes de las piezas y productos que puedan resultar defectuosos o dañarse por el normal uso de la instalación.

Garantizamos que las piezas que reemplacemos en su equipo serán de origen, y si se arreglan se hará correctamente. Todas las piezas que reemplacemos o reparemos tienen una garantía de 2 años, para piezas y mano de obra.

Por si el principal no cumple con su compromiso de reparar o reemplazar, se requiere una garantía bancaria de buen funcionamiento, por un periodo de dos años, desde la fecha de la puesta en funcionamiento de la instalación.

A solicitud del principal, nosotros Banco Hispania, S.A., por la presente nos comprometemos irrevocablemente a pagarle cualquier suma o sumas que no excedan en total una cantidad de. . . (_ y en letra _) - entre el 5 y 10% normalmente – a la recepción de su primera demanda por escrito y:

1. Su declaración por escrito que indique que el principal ha incumplido sus obligaciones respecto al buen funcionamiento de la planta de reciclado, y que obligaciones respecto al buen funcionamiento ha incumplido.

2. Facturas o copias de las facturas que ha tenido que satisfacer el beneficiario al haber incumplido el principal sus obligaciones respecto al buen funcionamiento.

Esta garantía vencerá el 15 de junio de 2.026 a más tardar. En esa fecha quedará anulada y sin efecto.

Para evitar cualquier malentendido de claridad e identidad, sus solicitudes de pago deben de enviarlas a través de un primer banco en Argentina, que debe confirmar que las firmas en la solicitud son legalmente vinculantes para su empresa.

Su solicitud debe de recibirse en nuestras cajas por mensajería courier o correo certificado, en el domicilio Calle Coso, 1000 Zaragoza, España, en o antes de la fecha de vencimiento.

La presente garantía está sujeta a las Normas de Comercio Internacional para Garantías a Primera Demanda (Publicación 758 de la Cámara de Comercio Internacional).

Todos los desacuerdos que surjan en relación con la presente garantía se resolverán mediante el arbitraje de la Cámara de Comercio Internacional de Zaragoza, España.

Zaragoza, España, 15 de junio de 2024.

4.4. Garantía de mantenimiento (Maintenance) o fiel cumplimiento.

Cubre al comprador del incumplimiento por el vendedor o un tercero, del mantenimiento durante el tiempo acordado de la instalación o equipo adquirido.

Garantiza la subsanación de los defectos de fabricación provenientes de la calidad de los materiales o de las actuaciones de los fabricantes.

Es frecuente que en las ventas de máquinas y bienes de equipo que, una vez se ha realizado la entrega, se establece un periodo de tiempo durante el cual el suministrador es responsable de su mantenimiento y buen funcionamiento.

Cubre el período de mantenimiento establecido contractualmente, durante el cual el suministrador continúa siendo responsable del funcionamiento de la máquina.

La reparación si fuera necesaria debe incluir los desplazamientos, la mano de obra, el transporte, las piezas de recambio y los impuestos.

El plazo de validez coincide con el fin del periodo de mantenimiento contratado.

Suelen emitirse por un porcentaje entorno al 5/10 por ciento del valor del bien.

El texto internacional es similar al de la garantía de buen funcionamiento comentada en el apartado anterior, de la que se ha mostrado un ejemplo. Hay que cambiar el fin y el resto es igual ajustando los datos de la operación.

En ocasiones, cuando el vendedor es una gran compañía internacional, algunos compradores aceptan del suministrador la garantía de mantenimiento directa, sin intervención de una entidad financiera.

Dentro del mercado doméstico, por el mayor conocimiento de las partes, es habitual que el comprador acepte está garantía directa del vendedor.

4.5. Garantía de pago (Payment Guarantee).

Las garantías internacionales pueden ser utilizadas también como mecanismo para asegurar las obligaciones de pago derivadas de compraventas de bienes y prestación de servicios.

El importador (ordenante), por medio de su banco (garante y emisor), garantiza al exportador (beneficiario) que, realizado el embarque de la mercancía, si llegado el vencimiento de pago no recibe los fondos, podrá ejecutar la garantía y cobrar del banco garante.

Las garantías de pago, por su simplicidad en la ejecución, constituyen una buena alternativa al crédito documentario.

Se diferencia con el crédito documentario en que, mientras que en éste tiene lugar el pago una vez presentados los documentos en el banco pagador, en la garantía se realiza el pago si se incumplen las condiciones señaladas en el contrato al que hace referencia.

Un medio de pago simple (transferencia o cheque) combinado con una garantía bancaria a primer requerimiento, o un crédito contingente o standby, es una potente combinación para el vendedor, que se garantiza la recepción del cobro sin las complejidades del crédito documentario.

Se debe poner especial atención al texto de la garantía para que, de ser necesario, se pueda ejecutar fácilmente:

a. **El plazo de validez.** Se aconseja mínimo un mes después del vencimiento previsto para el cobro de la exportación, para que de tiempo a su ejecución.

b. **Los documentos.** Deben ser fácilmente presentables por el exportador, facturas, recibos, cheques, letras de cambio o pagarés impagados, y copia del documento de transporte.

c. **La solicitud del pago.** Conviene realizarla a través de una entidad financiera que certifique la autenticidad de la solicitud.

Avales y garantías internacionales. Standby,s letter of credit.

Modelo de garantía de pago a primer requerimiento (Swift MT760).

Banco emisor: Banco de Monterrey, S.A., Monterrey, México.
(Swift BAMOMXMO).
Banco avisador: Banco Hispania, S.A. Zaragoza, España.
(Swift BAHIESZA)

Garantía irrevocable número 001/2024

Por la presente garantizamos irrevocablemente a Exportadora Española, S.A. (beneficiario), con domicilio en Coso, 1000 Zaragoza, España, por hasta un importe máximo de Euros. 120.000,00 (euros cien mil) por cuenta y orden de Importadora Mexicana, S.A. con domicilio en calle Principal, 1 Monterrey, México.

Descripción de los servicios o mercancías a suministrar por el beneficiario: Herramientas.

Utilizaciones parciales permitidas.

Nos comprometemos a pagar al beneficiario a los cinco días laborables de la recepción de un mensaje autenticado por Swift del banco avisador indicando que el beneficiario ha presentado documentos exigidos en esta garantía, que se nos remiten por mensajería courier.

El pago se realizará contra la presentación de los siguientes documentos:

1. Factura o facturas por el importe reclamado a cargo de Importadora Mexicana, S.A., en la /las que figure la descripción de las mercancías y servicios impagados a su vencimiento.
2. Copia del documento de transporte en el que como destinatario y receptor de la mercancía figure Importadora Mexicana, S.A., en el que la mercancía sea la indicada en la factura cuyo pago se solicita.
3. Certificado del beneficiario en el que manifieste que la factura a la que hace referencia no ha sido pagada a su vencimiento y la mercancía fue enviada a Importadora Mexicana, S.A. cumpliendo con las condiciones de entrega acordadas.

La presente garantía vence el día 30 de junio de 2.024 en que caducará y quedará sin efecto ni validez, no atendiendo ninguna solicitud de pago que se reciba después de esa fecha.

La presente garantía se somete a las leyes mexicanas y, para cualquier litigio que pueda producirse, nos sometemos a los tribunales de Monterrey, México, con renuncia a cualquier otro fuero.

Por favor, avisen de la emisión de la presente garantía al beneficiario. Su gastos y comisiones por cuenta del beneficiario.

(plaza y fecha) ……………, … , …………, ……
Banco ....

En el modelo se garantiza el pago de compras realizadas hasta 120.000 euros durante un periodo de seis meses. En muchos casos la garantía de pago se utiliza también para ventas en reposición, como **garantía genérica de cobro**, por las exportaciones que realice el exportador durante un periodo de tiempo a un mismo cliente.

Avales y garantías internacionales. Standby,s letter of credit.

Una garantía genérica de cobro (o pago) evita la utilización de varios créditos documentarios, con un plazo largo, por ejemplo, vencimiento a 1 año. Con una única garantía se cubren los sucesivos envíos durante el periodo de validez.

El exportador ha de cuidar que la última factura tenga fecha de pago mínimo un mes (aconsejable) antes del vencimiento de la garantía.

El importe de una garantía genérica de pago conviene que sea por el mayor riesgo comercial vivo que está dispuesto a asumir el exportador con el importador, es decir, que el importe que adeude el importador (cliente) sea inferior al garantizado.

Ejemplo: Si partimos del modelo anterior, para ventas en reposición durante un año por 120.000 euros, con embarques bimensuales de 20.000 euros, se puede emitir él mismo texto modificado en:
1. **El importe**, será por el riesgo máximo (importe pendiente de cobro) que el exportador esté dispuesto a asumir en base a la garantía, un embarque 20.000 euros, dos embarques 40.000 euros, etc.
2. **El vencimiento,** que en ejemplo era de 6 meses pasa a ser de 1 año.
3. **Inclusión en la garantía de un párrafo de reposición,** como "En el supuesto de reclamarse un pago al amparo de la presente garantía con los documentos que se requieren, una vez sea atendido el pago por el banco emisor garante, su importe volverá a estar disponible en la garantía para embarques posteriores", o un párrafo similar.

4.6. Garantías ante organismos estatales o internacionales, autoridades aduaneras y organismos comunitarios.

Tienen como fin el cumplimiento de obligaciones ante organismos nacionales o extranjeros, como consecuencia de actividades comerciales internacionales, como:

→ Mercancías sujetas a cupos o contingentes arancelarios, o por ventas a países pobres o en vías de desarrollo, con el apoyo de organismos internacionales, Unión Europea, Banco Europeo de Inversiones, Banco Mundial, etc.

→ Para Cuadernos ATA para exportación temporal de muestras con valor comercial, tránsito comunitario, etc.

Con la garantía se permite que la mercancía transite por los distintos países del mercado único, sin necesidad de despacho y liquidación de derechos aduaneros.

→ Ante los servicios de aduanas. Responden de obligaciones ante la aduana y tienen como fin responder de los derechos arancelarios por motivos tales como mercancías en tránsito, exportaciones temporales o tráfico de perfeccionamiento.

- Cuando la mercancía procede de un país externo a la UE con destino un país miembro, no se despacha la importación a su entrada en territorio de la Unión, sino que lo hace en el país de destino final.
- En caso de exportaciones a un tercer país externo, tras su despacho aduanero en el país de origen, circula libremente por el territorio común hacia su país de destino.

En los casos en que la mercancía y su transporte tienen origen y destino países pertenecientes a la UE, el importe de la garantía se refiere al Impuesto sobre el IVA.

Se emiten para evitar el pago de derechos de importación cuando se realiza una importación temporal, y también cuando hay una discrepancia entre los servicios aduaneros y el importador respecto al arancel aplicable, o cuando se despacha directamente sin la intervención de un agente de aduanas.

La garantía se realiza de conformidad con lo dispuesto por las autoridades aduaneras del país donde se efectúa el despacho de la mercancía.

Las garantías emitidas a favor de organismos estatales e internacionales y las autoridades aduaneras tienen dos importantes puntos en común:

1. Suelen emitirse en textos estándar que no pueden ser modificados, salvo por razones muy justificadas.
2. Normalmente se emiten indefinidas, para que la entidad emisora las considere canceladas ha de producirse la devolución física del documento o una comunicación fehaciente del beneficiario autorizando la cancelación.

4.7. Garantía (Letter of Indemnity) por pérdida del conocimiento de embarque marítimo.

La exige la naviera para el despacho de la carga en caso de extravío del original u originales del B/L (conocimiento de embarque marítimo), para cubrir su responsabilidad.

Las navieras emiten conocimientos de embarque Master Bill of Lading y los transitarios House Bill of Lading, cada uno con 3 originales y 3 copias o más.

La garantía cubre el riesgo de que un tercero que no es el consignatario pueda reclamar con un original del B/L la entrega de la mercancía, en un tiempo indeterminado.

En el texto de la garantía el banco se incorpora en el acuerdo de indemnización.

- En ocasiones, se extravían los originales o se destruyen involuntariamente, en las oficinas del exportador, en el envío del B/L por courier o en las oficinas del importador.

  Para evitar extravíos en el envío, lo mejor es enviar un original en un courier y los otros dos en otro Courier o por correo aparte.

- Puede ocurrir que el B/L haya sido robado, especialmente si se emitió a la orden con endoso en blanco.

Avales y garantías internacionales. Standby,s letter of credit.

En España, en caso de robo, extravío y destrucción involuntaria, la Ley 14/2014 de Navegación Marítima establece que se puede ir a un notario para que requiera a la naviera que no entregue la mercancía a un tercero.

El requerimiento se publica en el Boletín Oficial del Estado, y:

1. Si urge retirar la mercancía se deposita su importe en la notaría, que establece una fianza a favor de la naviera que se puede retirar transcurrido un mes.

2. Si no urge, transcurrido un mes desde la publicación en el BOE sin que un tercero manifieste oposición, el notario hace constar la amortización del B/L y reconoce la titularidad de la mercancía y se puede retirar la mercancía.

Fuente del cuadro: iContainers

En caso de robo denunciado a la policía, si un tercero entrega a la naviera un original para retirar la mercancía hay que comunicarlo a la policía. Se produce una situación que debe de resolver la justicia.

A continuación, se reproduce un modelo estándar de carta de indemnización, si bien se recomienda que se ajuste a las circunstancias de cada caso en particular.

Modelo estándar de carta de indemnización a favor de la naviera.

Para: [nombre del propietario del barco]   [insertar fecha].

El propietario de [nombre del barco]**, con domicilio en** [insertar dirección]**.**

Estimados señores,
- **Barco:** [nombre del barco].
- **Viaje:** [los puertos de carga y descarga, como se indica en el B/L].
- **Carga:** [descripción de la carga].
- **Conocimiento de embarque:** [números de identificación, y la fecha y lugar de emisión].

La citada carga se envió en el barco indicado por [nombre del remitente] **y se consignó a** [nombre del consignado o a cuya orden se extendió el B/L] **para la entrega en el puerto de** [nombre de puerto de descarga indicado en el B/L] **pero el conocimiento de embarque no ha llegado y nosotros,** [nombre de la parte que solicita la entrega]**, por la presente le solicitamos entregar dicha carga a**

Avales y garantías internacionales. Standby,s letter of credit.

[nombre de la parte a la que se debe entregar] **que actúa en nombre de** [el mismo nombre] **en** [el lugar donde se realizará la entrega] **sin el conocimiento de embarque original** .

En consideración de su cumplimiento con nuestra solicitud, por la presente acordamos lo siguiente:

1. Indemnizarle a usted y a sus agentes y a eximirlos a todos de cualquier responsabilidad, pérdida, daño o gasto de cualquier naturaleza que puedan sufrir por el hecho de entregar la carga de acuerdo con nuestra solicitud.

2. En el caso de que se inicie un proceso contra usted o sus agentes en relación con la entrega de la carga mencionada anteriormente, para proporcionarle a usted o a ellos, a su solicitud, de fondos suficientes para defenderlos.

3. Si, en relación con la entrega de la carga, el barco, o cualquier otro barco de su propiedad o de un asociado, gestión o control, debe ser arrestado o detenido o si su arresto o detención se ve amenazado, o si hubiera alguna interferencia en el uso o comercialización del buque, para proporcionar a pedido la fianza u otra seguridad que sea necesaria para evitar dicho arresto o detención o para asegurar la liberación de dicho barco o propiedad o para eliminar dicha interferencia e indemnizarle con respecto a cualquier responsabilidad, pérdida, daño o gasto causado por dicho arresto o detención o amenaza de arresto o detención o tal interferencia, ya sea que tal arresto o detención o amenaza de arresto o detención o tal interferencia puede estar justificada.

4. Si el lugar en el que le hemos pedido que realice la entrega es una terminal o instalación de líquidos o gas, u otro barco o barcaza, entonces la entrega a dicha terminal, instalación, barco o barcaza se considerará entrega a la parte a la que le hemos solicitado que se realice dicha entrega.

5. Tan pronto como todos los conocimientos de embarque originales para la citada carga estén en nuestra posesión, para entregárselos a ustedes, o para que se les entreguen todos los conocimientos de embarque originales, nuestra responsabilidad en virtud del presente documento cesará.

6. La responsabilidad de todas y cada una de las personas bajo esta carta de indemnización será conjunta y solidaria y no estará condicionada a que usted proceda primero contra cualquier persona, ya sea o no dicha persona responsable de esta carta de indemnización.

7. Esta carta de indemnización se rige e interpreta de acuerdo con la ley inglesa y todas y cada una de las personas responsables se someten a la jurisdicción del Tribunal Superior de Justicia de Inglaterra.

Atentamente.

Por y en nombre de [el nombre del solicitante].
Firma.

Nosotros, [nombre del Banco], **acordamos unirnos al solicitante en esta carta de indemnización.**

Por y en nombre de [Banco], [los nombres de los apoderados que firman].
Firmas (normalmente 2).

Avales y garantías internacionales. Standby,s letter of credit.

Ejemplo Carta de indemnización.

Para entrega de carga sin presentación de conocimiento de embarque, correcciones manifiestas de emisión de duplicado de conocimiento de embarque:

Para: Blue Anchor Line c/o . . . . (Agente de Blue Anchor Line).
Buque: Seaspan Hamburgo … Viaje número 100123W2024
Bill of Lading número: BNAQZAZO19781299-0412-607.11
Embarcador (Shipper): Productos Industriales Aragoneses, S.A.
Consignado: BECG CHEM LLC.
Puerto de embarque: Sagunto   **Puerto de descarga:** Seattle
Valor de las mercancías según factura: 24,000.00 USD.

Descripción de las mercancías (marcas) y números, empaque, contenido, container, etc.: 20.000 kilos (1 FCL) de Oxido rojo "Micornox" empaquetado en 1.000 bolsas de papel, en 20 pallets de madera, tratados con calor y marcados de acuerdo al ISPM-15 y cubierto con polietileno.

Toda la declaración anterior no limitará nuestra responsabilidad ni la de los banqueros en virtud del presente carta de indemnización.

Estimados señores, en consideración de su aceptación de cumplir con nuestra solicitud de (marque con "X" según corresponda):

( ) correcciones en manifiestos, documentos de transporte (incluidos conocimientos de embarque y cartas de porte marítimo), o
( ) liberación de la carga a nosotros o a un tercero nombrado por nosotros en caso de que no podamos presentar al menos el original del conocimiento de embarque correspondiente, o
(X) emisión de un duplicado del conocimiento de embarque después de que el primer juego haya desaparecido mientras se encontraba bajo nuestra custodia o control.

Que proviene de la empresa que ha firmado esta carta, por la presente acordamos lo siguiente:

1. Le pagaremos y reembolsaremos todas las sumas, cargos, costos, daños y gastos de cualquier tipo o naturaleza que usted o cualquiera de ustedes pueda pagar, soportar, incurrir o sufrir como resultado o que surja de la liberación de dicho envío a nosotros sin presentar dicho conocimiento de embarque, corregir el manifiesto o emitir un duplicado del conocimiento de embarque y proporcionarle fondos suficientes para defender cualquier reclamo relacionado con el mismo, incluidos los honorarios y costos judiciales y de abogados.

2. Le indemnizaremos completamente a usted o a cualquiera de ustedes por cualquier demanda y/o reclamación que pueda surgir o que pueda ser presentada contra usted o cualquiera de ustedes por el remitente y/o cualquier persona que pretenda ser el propietario y/o consignatario de dicho envío. y/o por sus transportistas y/o por cualquier tercero que reclame algún derecho con respecto o en relación con la entrega de dicho envío a nosotros sin la presentación de dicho conocimiento de embarque, corrección del manifiesto o emisión de un duplicado del conjunto de conocimientos de embarque.

3. Además, aceptamos que el gravamen del transportista por todos los cargos continuará después de la liberación del envío anterior y que dicho gravamen sobre las mercancías no se verá afectado por los términos de la presente carta.

4. Realizaremos cualquier pago que debamos en virtud del presente inmediatamente después de su primera solicitud por escrito.

5. Tan pronto como el conocimiento de embarque original llegue a nuestras manos, nos comprometeremos a presentarle el conocimiento de embarque original debidamente cumplimentado y endosado.

6. Se entiende expresamente que, a pesar de que usted entregará dicho envío sin la presentación del conocimiento de embarque, los términos del conocimiento de embarque permanecerán en pleno vigor y efecto.

7. Esta indemnización se interpretará de conformidad con las leyes de Hong Kong y todas y cada una de las personas responsables en virtud de esta indemnización se someterá, a su solicitud, a la jurisdicción de los tribunales de Hong Kong.

Productos Industriales Aragoneses, S.A.
p.p.

Zaragoza, España, 14 de abril de 2.024

Nosotros, los abajo firmantes, Banco Hispania, S.A. Zaragoza, España, por la presente irrevocablemente e incondicionalmente aceptamos una amplia responsabilidad, solidariamente con el firmante de la carta de indemnización, de todos los compromisos de dicho firmante en la citada carta.

Zaragoza, España, 15 de abril de 2.024

Banco Hispania, S.A.
p.p.

4.8. Garantía de devolución de pagos anticipados (Advanced Payment Bond, Refundment Bond o Down Payment guarantee).

Tiene como fin asegurar al beneficiario de la garantía (importador /comprador) la devolución del pago o pagos efectuados anticipadamente si el exportador /vendedor no cumple con lo estipulado en el contrato.

Garantiza la devolución de la totalidad del importe anticipado y, si es el caso, de los intereses. Es normal la emisión de este tipo de garantías después de la firma del contrato.

Se emite antes de realizar el pago a cuenta y se supedita la entrada en vigor de la garantía al momento en que el vendedor reciba el cobro. El importe de la garantía coincide con el del pago anticipado o a cuenta.

Los anticipos a cuenta, normalmente parciales, son disponibles con la entrada en vigor de la garantía bancaria, que es ejecutable por el beneficiario si no se suministra la mercancía dentro del plazo estipulado.

Suele emitirse por un porcentaje entre el 15 y 35 por ciento del importe del contrato.

Avales y garantías internacionales. Standby,s letter of credit.

Modelo de garantía de devolución de pago anticipado.

De: Banco Español, S.A. Oficina Principal de Zaragoza, España.

A: Importador Extranjero, S.A. (beneficiario y domicilio).

Zaragoza, a 12 de enero de 2.024

Muy Sres. Nuestros:

Hemos sido informados de que nuestro cliente Exportadora Española, S.A. (en adelante el ordenante) ha suscrito un contrato con fecha 31 de agosto de 2.023, bajo la referencia 0123456789, con usted, para el suministro de productos ricos y servicios varios (descripción de las mercancías y/o servicios).

En dicho contrato se establece un pago anticipado por importe de 100.000, - dólares Usa (cien mil dólares de los Estados Unidos de América del Norte), que debe de realizarse contra la emisión de una garantía de devolución de anticipo.

A petición del ordenante, nosotros, Banco Español, S.A. (banco y su domicilio) irrevocablemente nos comprometemos a pagarle cualquier suma o sumas que no excedan la cantidad total de 100.000, - dólares Usa (cien mil dólares de los Estados Unidos de América del Norte) a su primer requerimiento, que deberá ir acompañado de un certificado emitido por ustedes en que conste:

a) que el ordenante ha incumplido sus obligaciones bajo el contrato mencionado (o pedido), y

b) el motivo por el cual o los motivos por los que el ordenante ha incumplido sus obligaciones.

Su requerimiento, que deberá enviarse por courier o correo certificado, y ser recibido por nosotros antes de la fecha de caducidad de esta garantía,

Para evitar cualquier malentendido en la identificación de su requerimiento, además del certificado indicado, deberá acompañarse la declaración de un banco de primer orden de su país que nos confirme que las firmas que aparecen en el requerimiento y certificado citados son válidas y vinculan a los firmantes con su compañía.

Para cualquier reclamación y pago a realizar bajo la presente garantía, es condición indispensable que el pago anticipado mencionado haya sido recibido por el ordenante en su cuenta (Iban número ES0101234567890123456789 en Banco Español, S.A. Oficina Principal de Zaragoza, España.

La presente garantía caducará el día 12 de julio de 2.024, fecha en la que vencerá y quedará nula y sin efecto, independientemente de si se nos devuelve o no el original de la misma.

La presente garantía está sujeta a la legislación española y a las Normas de Comercio Internacional para Garantías a Primera Demanda (Publicación 758 de la Cámara de Comercio Internacional).

Toda diferencia resultante de la presente garantía será resuelta definitivamente por los Tribunales de Zaragoza (España).

Avales y garantías internacionales. Standby,s letter of credit.

La garantía ha sido inscrita en el Registro Especial de Avales y Garantías con el número ZA10000AR.

5. La Contragarantía o garantía indirecta.

En la relación entre bancos, la contragarantía es aquella que el banco del ordenante emite a favor de un segundo banco, para que éste último emita a su vez una garantía a favor de un beneficiario.

El banco del ordenante se compromete mediante una contragarantía a reembolsar a un segundo banco, normalmente un banco local al que solicita que emita una garantía, si el beneficiario solicita el pago de la garantía emitida a su favor.

1. El texto de la contragarantía es similar a una garantía de las características citadas en los apartados anteriores.
2. En algunos países las autoridades locales dictan normas administrativas, cuyo efecto práctico es imponer que las garantías a primer requerimiento sean indirectas.
3. Las contragarantías conllevan un doble coste, al intervenir dos entidades bancarias y, en muchos casos, el sometimiento a la legislación del país del beneficiario.

La contragarantía entre bancos es por su naturaleza una transacción independiente de la garantía a la que hace mención, así como de los contratos o cualquier tipo de riesgo sobre cuya base se haya emitido una garantía.

> **Cuando el beneficiario exige que la garantía sea emitida por una entidad de su país, o de un país tercero.**
>
> **En el comercio internacional es habitual que un banco internacional emita una contragarantía a favor de un banco local, al objeto de que este último emita una garantía doméstica a favor del beneficiario.**

Para mayor comprensión, a continuación, se trasladan dos esquemas (1) garantía directa y (2) contragarantía.

Esquema de una operación de garantía directa para licitar.
Avisada a través de un banco local en el país del comprador extranjero.

El banco avisador tiene como función comunicar la garantía directa al beneficiario, comunica su veracidad pero no asume obligación ni compromiso alguno.

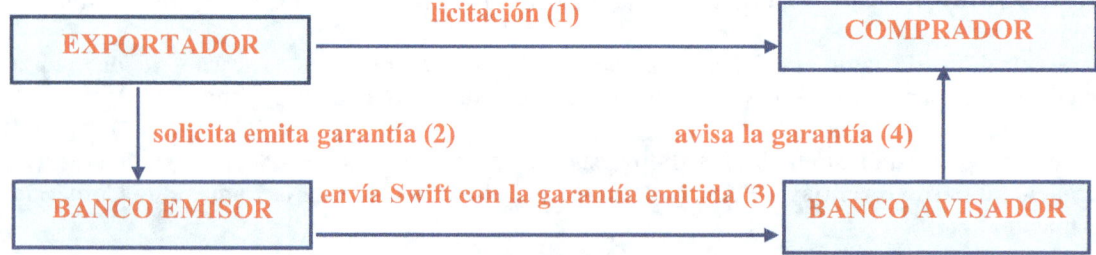

1) Exportadora Española, S.A. desea licitar para obtener la adjudicación de un contrato. El comprador incluye una garantía internacional o local de licitación en el pliego de condiciones.
2) El exportador solicita a su banco que emita la garantía. El exportador firma una póliza de contragarantía con el banco emisor.

Avales y garantías internacionales. Standby's letter of credit.

3) El banco emisor transmite por Swift la garantía, para que la comunique al beneficiario el banco avisador.
4) El banco avisador comunica la garantía al comprador, sin compromiso de pago por su parte.

Esquema de una operación de contragarantía para licitar. La garantía local en documento físico se entrega junto al resto de documentos exigidos en el pliego de condiciones.

El banco local emite una nueva garantía al amparo de la contragarantía que recibe a su favor.

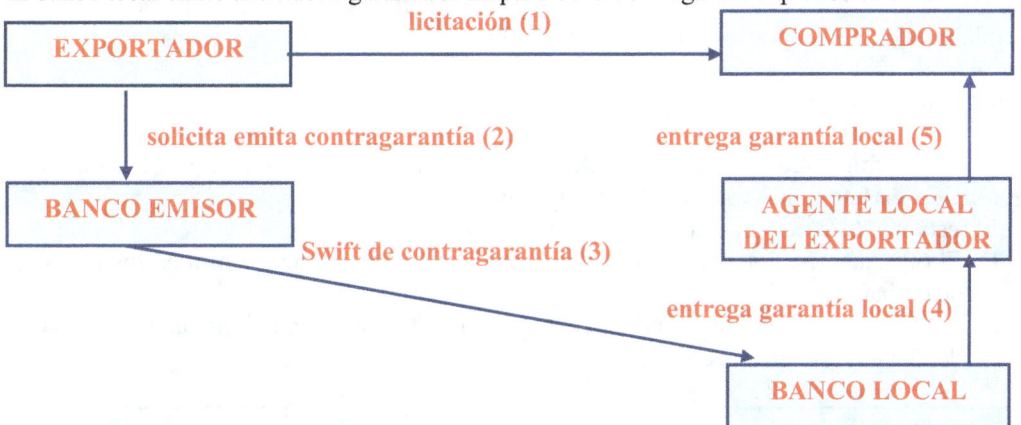

1) Exportadora Española, S.A. licita para obtener la adjudicación de un contrato. El comprador incluye en el pliego de condiciones que se aporte una garantía local de licitación y otros documentos.
2) El exportador solicita a su banco que contragarantice a un banco del país del comprador para que emita una garantía doméstica de licitación.
3) El banco del exportador envía un mensaje Swift MT760 con su contragarantía a un banco local corresponsal, solicita este banco que emita la garantía de licitación.
4) El banco local emite la garantía física y la entrega a la persona designada por el exportador, normalmente su agente local.
5) El agente local del exportador hace entrega al licitante de la garantía, junto con el resto de la documentación indicada en el pliego de condiciones.

En el primer esquema se transmite al beneficiario la garantía a través de un banco de su país (banco avisador) y, en el esquema anterior, se contragarantiza a un banco local para que emita una garantía doméstica a favor del comprador.

Póliza de contragarantía.

Se denomina así al compromiso por escrito de la parte instructora de la garantía (principal /ordenante /exportador), de pagar al banco garante o contragarante el importe afianzado si se ejecuta la garantía o contragarantía.

La utilización de la palabra contragarantía en este caso se debe a que el ordenante contragarantiza al primer banco emisor, que toma para ello garantías personales o reales, según el acuerdo al que lleguen ambos.

Normalmente la póliza de contragarantía se interviene ante notario.

Avales y garantías internacionales. Standby,s letter of credit.

Los esquemas anteriores estaban relacionados con una licitación de un exportador, en el ejemplo (el texto de contragarantía y garantía que sigue a continuación) nos referimos a la devolución de un pago anticipado si el exportador incumple el contrato.

Ejemplo de contragarantía y garantía de devolución de pago anticipado.

Exportadora Española, S.A., Zaragoza, España ha firmado un contrato con la empresa Fragances of India, Ltd., Mumbai, India, para el suministro y montaje de una planta embotelladora de perfumes en Mumbai, India, por importe de dólares usa. 1.000.000.-

La forma de cobro es:

- El 30% anticipado mediante transferencia bancaria, **contra entrega de una garantía de devolución de pago anticipado (Down payment guarantee).**
- El restante 70% mediante crédito documentario, pagadero:
  1) El 60% al contado, pagadero a la expedición de la mercancía contra entrega de documentos de embarque.
  2) El 10% contra presentación de un certificado de finalización del montaje, con la conformidad de Perfumes of India, Ltd.

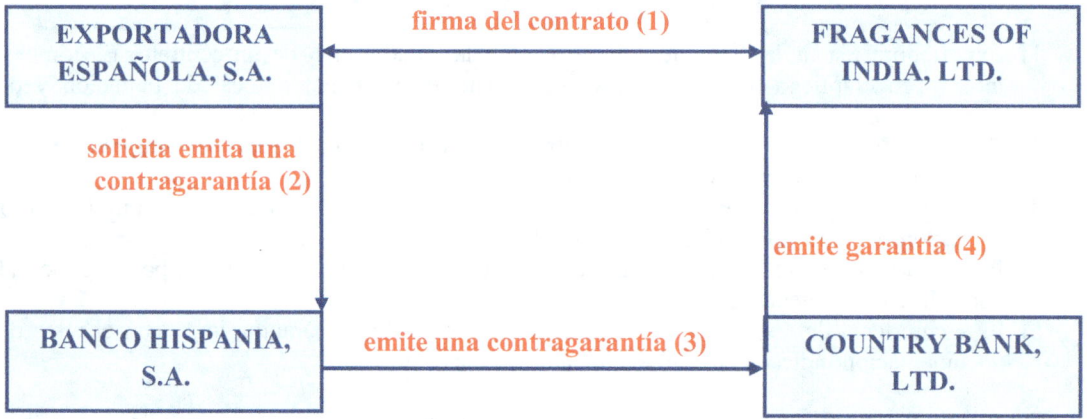

1) Firma del contrato.
2) Exportadora Española, S.A. solicita a Banco Hispania que emita una contragarantía.
3) Banco Hispania contragarantiza a Country Bank.
4) Country Bank emite una garantía a favor de Fragances of India Ltd.

Texto de contragarantía y garantía como lo solicita Banco Hispania a Country Bank.

De: Banco Hispania, S.A. Madrid – Código Swift BAHIESMM –.
A: Country Bank, Ltd. Mumbai – Código Swift COBAINMO -.

Les rogamos emitan bajo nuestra responsabilidad garantía bancaria por 300.000 Dólares Usa. (trescientos mil dólares USA) en favor de Fragances of India, Ltd., Mumbai, India., redactada como sigue:

Texto de la garantía que solicitamos emitan:

Beneficiario: Fragances of India, Ltd., domicilio . . .... Mumbai, India.

44

Avales y garantías internacionales. Standby,s letter of credit.

Motivo: Suministro y montaje de una planta embotelladora de perfumes en Bombay (India), según contrato ABC123 firmado el 01 de enero de 2024.

Nosotros Country Bank of India, emitimos en su favor garantía de dólares USA 300.000.- por orden de Banco Hispania, S.A., en Madrid, España, y cuenta de Exportadora Española, S.A., Zaragoza, España, que representa el 30% del valor del citado suministro y montaje, que asciende a Dólares USA 1.000.000.- (un millón de dólares Usa).

Nuestra garantía entrará en vigor cuando Banco Hispania, Madrid reciba el aludido importe de Dólares USA 300.000, - a favor de Exportadora Española, S.A. y el aviso de apertura de un crédito documentario irrevocable a su favor por importe de Dólares USA700.000,00, vencimiento 30 de octubre de 2.024, pagadero en la siguiente forma:

- Dólares USA 600.000,00 a la expedición de la mercancía.
- Dólares USA 100.000,00 contra presentación de un certificado de buen funcionamiento firmado por Fragances of India, Ltd.

La devolución del pago anticipado se realizará a solicitud del beneficiario de la garantía en el caso de que, llegado el vencimiento del crédito documentario citado, de acuerdo con su condicionado, no se hayan presentado los documentos justificativos de la expedición de la mercancía.

El vencimiento de esta garantía es el 30 de noviembre de 2.024, fecha en que quedará nula y sin efecto.

Fin texto de la garantía

Damos a Uds. nuestra contragarantía irrevocable hasta el importe de dólares USA 300.000.- (trescientos mil dólares usa), garantizando la devolución del pago adelantado si Exportadora Española, S.A. no presenta en el crédito documentario los documentos justificativos de la expedición de la mercancía, de acuerdo con su condicionado.

El plazo de validez de nuestra contragarantía es de 30 días después del vencimiento de la garantía emitida por ustedes, fecha en que quedará nula y sin efecto.

Tanto la garantía que les solicitamos emitan como nuestra contragarantía se rigen por las reglas uniformes para solicitud de garantías (Publicación 758) de la Cámara de Comercio Internacional, a cuyo arbitraje nos sometemos.

Si transcurridos 60 días desde la fecha de nuestra contragarantía no se ha recibido en nuestras cajas el pago anticipado y el crédito documentario, se considerará nula a todos los efectos.

Banco Hispania, Zaragoza, a 01 de enero de 2.024.

Como ya se ha indicado, cualquier persona puede emitir una garantía, y lo mismo sucede con una contragarantía, siempre que el beneficiario esté dispuesto a aceptarla. No obstante, lo más habitual es que la emita una financiera y, en algunos países, también las compañías de seguros.

Cada día más, compañías de solvencia reconocida, emiten garantías y contragarantías para responder de las obligaciones de sus filiales, con distintos fines, como para que la filial obtenga financiación o, como en el modelo de texto contragarantía que se indica a continuación, que se solicita la emisión de

Avales y garantías internacionales. Standby,s letter of credit.

una garantía local, que podría ser para una licitación o para garantizar el cumplimiento de un contrato de la filial.

La utilización del Swift en el modelo, para la transmisión y demandas, obedece a que hay empresas que son, al igual que los bancos, usuarias de este medio de comunicación.

Modelo de contragarantía compañía matriz.

DE: Multinational Corporation Inc. New York, U.S.A.
A: Banco Hispania, S.A. Zaragoza, España.
New York, 01 de enero de 2024

Bajo nuestra entera responsabilidad y en nombre de nuestra filial Sociedad Anónima Española, S.A. Zaragoza, España, por favor emitan una garantía bancaria por un monto máximo de 1.000.000,00 euros (un millón de euros), a favor de Industrias Europeas Avanzadas, S.A., Madrid, España (el garantizado).

Emitimos a su favor la presente contragarantía para asegurar [cualquiera y todas] sus obligaciones de pago que puedan surgir de la emisión de la Garantía hasta el máximo cantidad de 1.000.000,00 euros. Esta contragarantía es irrevocable e incondicional, pagadera a su primera demanda por escrito a través de Swift autenticado.

Nosotros por la presente garantizamos pagarles a más tardar tres (3) días hábiles desde la recepción de dicha demanda, haciendo constar que la Garantía ha sido ejecutada por el beneficiario.

El pago de cualquier reclamación bajo esta contragarantía, incluido el monto del principal pagado por su banco al beneficiario, más los costos incurridos y los intereses acumulados, será realizado a la cuenta indicada por ustedes.

Esta contragarantía tiene vigencia a partir de la fecha de emisión de la Garantía que les solicitamos y caducará automáticamente y en su totalidad si no hemos recibido su reclamación por escrito y confirmación mediante Swift autenticado treinta (30) días después de la fecha de vencimiento de la garantía que les solicitamos emitir. En consecuencia, esta contragarantía vencerá el ___, ___, _ a más tardar, después de esa fecha será nula y sin efecto.

Todos los pagos a efectuar bajo la presente contragarantía se harán por el cantidad solicitada por ustedes, sin ninguna deducción o retención por causa de presentes o futuros impuestos, tasas, cargos y/o gravámenes.

En el caso de que estemos o lleguemos a estar obligados por ley a realizar cualquier deducción o retención de dicho pago, el monto adeudado con respecto a dicho pago será aumentado en la medida necesaria para garantizar que, después de la realización de tales deducciones o retenciones, ustedes reciben un monto neto igual al hubieran recibido sin tal deducción o retención.

Estamos debidamente autorizados por nuestros órganos sociales internos y nuestras autoridades monetarios para asumir las obligaciones y responsabilidades derivadas de esta contragarantía.

Para evitar dudas, cabe señalar que somos una corporación constituida con nuestro principal centro de operaciones y sujeta a las leyes de los Estados Unidos de América.

Avales y garantías internacionales. Standby,s letter of credit.

Esta contragarantía está sujeta a las Reglas Uniformes para Demanda de Garantías, ICC Publicación No. 758, y para todo aquello que no esté expresamente previsto en dicho reglamento, a las leyes de España. Todos los desacuerdos que surjan en relación con la presente contragarantía se resolverán conforme a las reglas de conciliación y arbitraje de la Cámara de Comercio Internacional por uno o más árbitros designados de conformidad con dichas normas. El arbitraje se celebrará en París. El idioma del Arbitraje será el inglés.

El texto de la Garantía que les solicitamos emitan bajo nuestra entera responsabilidad deberá indicar lo siguiente: **[redacción de la Garantía que se solicita].** Firmada por dos apoderados de Banco Hispania, S.A.

Mensajes que se utilizan para la transmisión por Swift de garantías y standby letter of credit.

MT 760	Guarantee /Garantía	Emisión o requerimiento de emisión de una garantía o Standby.
MT 767	Guarantee or Standby Amendment. /Modificación de garantía o carta de crédito contingente.	Modifica una garantía o Standby que ha sido previamente emitida o requiere la modificación de una garantía que el remitente ha requerido previamente que sea emitida.
MT 768	Acuse de recibo de un mensaje de garantía o Standby.	Acuse de recibo del mensaje de una garantía o Standby, puede indicar que acción se ha tomado de acuerdo a las instrucciones recibidas.
MT 769	Aviso de reducción o de liberación.	Avisa que un banco ha sido liberado de sus obligaciones por un importe especificado bajo su garantía o Standby Letter of Credit.

Además de los indicados, en 2021 se crearon los mensajes MT761, MT765, MT775, MT785, MY786 Y MT787.

- **MT 761: Continuación de MT 760, posibilita ampliar el texto.**

    Especifica los términos y condiciones de la garantía / standby, y también para una contragarantía se puede especificar los términos y condiciones solicitados del compromiso local. Se envía además del MT760, cuando la información supera el tamaño máximo de mensaje del MT 760.

- **MT 765: Para exigir el pago en virtud de un compromiso (Ejecución/solicitud de pago de una garantía o una Standby). Puede incluir una solicitud para extender la fecha de vencimiento.**

- **MT 775: Continuación de MT767, posibilita ampliar el texto. Se envía cuando la información del compromiso excede el tamaño máximo de mensaje del MT767.**

- **MT 785: Para notificar al beneficiario la no extensión del compromiso al que se hace referencia en la garantía o standby.**

Notifica al beneficiario, en su caso, a través de una o varias partes avisadoras, la no prórroga del compromiso más allá de la actual fecha de caducidad

- **MT 786: Para notificar al beneficiario que la demanda de pago ha sido rechazada.**

  El mensaje lo emite el obligado en el compromiso y a quien se le ha hecho un requerimiento de pago, para notificar al beneficiario que la demanda ha sido denegada.

- **MT 787: Para indicar la aceptación o el rechazo por el beneficiario de la enmienda/modificación.**

  Se envía al banco que emitió la modificación del compromiso (garantía, garantía de demanda la vista, carta de crédito stand-by o compromiso dependiente), ya sea directamente o a través de una o más partes avisadoras, para indicar la aceptación o rechazo por parte del beneficiario de la modificación.

6. Aval o garantía internacional (y contragarantía si la hay), o Standby Letter of Credit, emitida en moneda distinta y no convertible.

No todas las garantías se emiten en dólares Usa o Euros, es bastante común que el beneficiario solicite que se emita la garantía en la moneda local de su país, que incluso puede ser una moneda no convertible en los mercados de divisas internacionales.

- **Emisión en moneda no convertible.** La emisión de un documento de garantía en una moneda no convertible conlleva que si el beneficiario la ejecuta, el pago se tenga que realizar en una moneda convertible, normalmente dólares Usa o Euros, calculando la equivalencia respecto a la moneda local, al cambio oficial establecido en dicho país (el del beneficiario).

- **Emisión en moneda distinta.** La emisión de avales, garantías y standby,s letter of credit en moneda diferente a la del país emisor, conlleva que los analistas de las entidades bancarias, al establecer el riesgo con su cliente ordenante, consideren el valor neto de reposición (nominal más intereses del documento garantizado) más el máximo valor potencial de REC* (Riesgo Equivalente de Crédito).

*El REC, sea la moneda de la garantía convertible o no, lo establece la entidad bancaria, es un porcentaje del principal que depende de la volatilidad de la divisa contraparte y del plazo (vencimiento). Ejemplo: Si el Rec. de una garantía en dólares Usa respecto al euros es del 30% por ciento, para un nominal equivalente a 100 euros el riesgo que considera el banco es de 130 euros.

Avales y garantías internacionales. Standby,s letter of credit.

Cuando la moneda es no convertible, al firmar la póliza de contragarantía con el principal (avalado /garantizado), la entidad bancaria (emisora de la garantía) suele incluir una cláusula que contempla las circunstancias que originan que la garantía se emita en moneda no convertible. Ejemplo de cláusula:

Cláusula adicional a la póliza de contragarantía nº 56789, intervenida por el fedatario público Pedro Pérez Sánchez, que se suscribe el día 15 de septiembre de 2.023, entre Banco Hispania, S.A. y Exportadora Española, S.A., para emisión de la garantía internacional nº 01234.

Las partes intervinientes convienen con la intervención del Notario D. Pedro Pérez Sánchez, requerido para este acto, la formalización de la presente cláusula adicional a la póliza de contragarantía indicada en el encabezamiento, sin perjuicio del resto de las cláusulas pactadas en la citada póliza, que siguen en pleno vigor en cuanto no se opongan a esta adicional, y se pacta y estipula de común acuerdo lo siguiente:

UNICA.- La presente operación se articula en la emisión por Banco Hispania, S.A. de una contragarantía para que su corresponsal de Marruecos (Atajarisawafa Bank) emita una garantía ante Importateur Marocain, S.A. (beneficiario), adjuntándose como anexo al presente documento duplicado del Swift de ambos textos.

Dado que la obligación principal garantizada está denominada en Dirhams y se trata de divisas sin cotización oficial, el pago, los intereses, las comisiones y gastos que pudieran devengarse se calcularán sobre el contravalor en euros del importe de la contragarantía emitida.

El contravalor, se calculará atendiendo al tipo de cambio oficial vigente para dicha divisa a euros, según precio vendedor establecido por el Banco Central de Marruecos a la fecha de pago de la comisión o gasto correspondiente.

De igual forma, a los efectos de establecer la equivalencia a euros del importe de la deuda, que en su caso pudiera ser objeto de reclamación judicial, la conversión se realizará al cambio oficial de dicha divisa a euros, según precio vendedor, del día en que se haya realizado por Banco Hispania, S.A. a Atajarisawafa Bank el pago del importe reclamado por el mismo o, en su defecto, del día anterior más próximo.

Diligencia de intervención notarial.

Firma de las partes.

Texto de contragarantía en moneda no cotizada.
(transmisión por mensaje Swift Mt760).

DE: Banco Hispania, S.A. Zaragoza, España. (Swift BAHIESZA)

A: Atajarisawafa Bank, Casablanca, Marruecos. (Swift ATBAMACA)

Bajo nuestra entera responsabilidad y en nombre de nuestro cliente Exportadora Española, por favor, emitan una garantía bancaria por un monto de dirhams marroquíes 1.000.000,00 (un millón de dirhams marroquíes), a favor de Importadora Marroquí, S.A. (el beneficiario), para garantizar el buen cumplimiento de las obligaciones derivadas del contrato firmado con fecha 25 de diciembre de 2023 entre Exportadora Española, S.A. e Importadora Marroquí, S.A.

Avales y garantías internacionales. Standby,s letter of credit.

Emitimos a su favor la presente contragarantía para asegurar todas y cada una de las obligaciones de pago que puedan surgir de la emisión de la Garantía que les solicitamos, hasta la cantidad máxima de dirhams marroquíes 1.000.000,00 (un millón de dirhams marroquíes).

Esta contragarantía es irrevocable e incondicional, pagadera a su primera solicitud a través de Swift autenticado. Les garantizamos el pago a más tardar tres (3) días hábiles desde la recepción de dicha solicitud indicando que el beneficiario ha solicitado el pago de la Garantía.

El pago de cualquier reclamación bajo esta contragarantía, incluido el monto principal pagado por su banco al beneficiario, más los costos incurridos e intereses acumulados, se realizará en Euros a la cuenta indicada por ustedes.

El contravalor en Euros se calculará atendiendo al tipo de cambio oficial vigente para dirham marroquíes a euros, según precio vendedor establecido por el Banco Central de Marruecos a la fecha de pago del importe reclamado.

Esta contragarantía es válida a partir de la fecha de emisión por ustedes de la garantía que solicitamos y caduca automáticamente y en su totalidad si no hemos recibido su reclamación y confirmación por escrito a través de un Swift autenticado quince (15) días después de la fecha de vencimiento de la Garantía.

En consecuencia, esta contragarantía caducará el 30 de noviembre de 2.024 a más tardar, en esa fecha será nula y sin efecto.

Todos los pagos que se realicen bajo la presente contragarantía se realizarán por el monto solicitado, sin ninguna deducción o retención debido a los impuestos, cargos y /o gravámenes presentes o futuros.

Estamos debidamente autorizados por nuestros organismos corporativos internos y autoridades monetarias para asumir las obligaciones y responsabilidades derivadas de esta contragarantía.

Banco Hispania, S.A. somos una institución de crédito que tiene su principal centro de operaciones en España y, por lo tanto, estamos sujetos a las leyes de insolvencia de la Unión Europea y españolas, y a otras leyes relacionadas o que afectan a los derechos de los acreedores de las instituciones de crédito en general, lo que permite a los tribunales de jurisdicción competente y a las autoridades de recuperación y resolución, en caso de insolvencia o resolución, reducir, convertir o cancelar los derechos de nuestros acreedores.

Esta contragarantía está sujeta a las Reglas uniformes para garantías de demanda, Publicación ICC No.758, y para cualquier asunto que no esté expresamente cubierto en dicha regulación, a las Leyes del Reino Unido.

Todos los desacuerdos que surjan en relación con la presente contragarantía se resolverán de conformidad con las reglas de conciliación y arbitraje de la Cámara de Comercio Internacional por uno o más árbitros nombrados de acuerdo con dichas reglas. El arbitraje se llevará a cabo en París. El idioma del arbitraje será el inglés.

El texto de la Garantía que deben emitir bajo nuestra total responsabilidad debe leer lo siguiente: [redacción de la garantía local que se solicita emitir, en ocasiones se solicita que la garantía local se emita en el texto habitual para el fin garantizado].

Los gastos y comisiones en Marruecos son por cuenta del beneficiario.

Por favor, remítannos una copia de la garantía emitida por ustedes, por correo certificado o courier, a nuestro domicilio: Banco Hispania, S.A. – Departamento de garantías - Calle Coso, 1000 50.002 Zaragoza, España.

Gracias y saludos.

> **Un elevado número de garantías internacionales se emiten sometidas a las URDG758.**

7. Las Reglas Uniformes Relativas a las garantías de la CCI.

En cuanto a la regulación internacional de las garantías bancarias, existe una Convención de Naciones Unidas sobre garantías independientes y cartas de crédito contingente, de 1995, que ha sido ratificada por muy pocos países, por lo que resulta fundamental la regulación privada de la Cámara de Comercio Internacional (C.C.I.).

Regulaciones de la C.C.I. que afectan a las fianzas y garantías, a los créditos contingentes y a los créditos documentarios:

- **Garantías internacionales: Reglas uniformes relativas a las garantías de primer requerimiento (URDG 758).** Regulan las garantías y contragarantías que por su naturaleza son independientes de la relación subyacente. Estas reglas fueron promovidas por la banca internacional.

- **Créditos contingentes standby: Se regulan por las UCP 600 (como los créditos Documentarios comerciales) o por las International Standby Practices (ISP 98), que son específicas para las standby.** Los créditos contingentes, al igual que las garantías internacionales, son independientes de la relación subyacente.

- **Fianzas: Reglas uniformes relativas a las fianzas contractuales (URCB 524).** Se ocupan de las garantías condicionales, denominadas accesorias, que guardan una relación directa con el contrato subyacente o principal cuya ejecución se garantiza

La sujeción a las normas internacionales sirve a las partes para aclarar las características básicas de las obligaciones y de su ejecución, si bien la regulación de un país prevalece en dicho país sobre las Reglas.

Que mejor defensa de su utilización que citar algunos de los párrafos de la introducción de las URDG758, que entraron en vigor el 01 de julio de 2.010.

"Las URDG458 fueron refrendadas por organizaciones internacionales, instituciones financieras multilaterales, reguladores bancarios, legisladores y federaciones profesionales. A diferencia de las fallidas URCG325, reflejaban la realidad del mercado de garantías a primer requerimiento y acertaban en un razonable equilibrio de todas las partes implicadas."

Avales y garantías internacionales. Standby,s letter of credit.

"Las nuevas URDG758 son el resultado de un ambicioso proceso que pretende aportar un nuevo conjunto de normas para las garantías a primer requerimiento en el siglo XXI, normas que sean más claras, más precisas y más completas.".

1. Las URDG458 aportaban un razonable equilibrio y, posteriormente, las URDG758 aportaron más claridad y son precisas y completas.

2. Las URDG 758 se aplican cuando se indica expresamente en el texto de la garantía.
   - Si la garantía está sujeta a estas reglas y no se indica otra cosa al respecto, también lo está la contragarantía si existe.
   - El hecho de que se indique en la contragarantía la sujeción a las URDG758 no implica que la garantía también lo esté, salvo si se indica de forma expresa.

3. Los garantes (normalmente bancos) tratan con documentos y no con las mercancías o servicios relacionados.

4. Las garantías no están vinculadas por el contrato subyacente.

5. Las garantías tratan con documentos, y no con las mercancías o servicios que esos documentos puedan representar.

6. Las condiciones que se indiquen en la garantía (excepto fechas) no serán válidas si no se indican los documentos de prueba que deben presentarse

7. El aviso al beneficiario por un banco avisador se limita a la autenticidad aparente del mensaje del garante, no incorpora ningún compromiso.

8. Una garantía es irrevocable desde el momento de su emisión.

9. Las modificaciones no son válidas sin el consentimiento del beneficiario, que puede rechazarlas en cualquier momento mientras no haya dado su conformidad. No puede aceptar parcialmente una modificación que contenga varios aspectos.

10. Los requerimientos de pago pueden efectuarse por importe inferior y de forma parcial, salvo condición expresa de ejecución por el total.

11. Estos son a modo de resumen algunos de los aspectos a tener en cuenta en caso de que el beneficiario solicite el pago:
    - El requerimiento de pago puede presentarse desde el momento de la emisión, o desde un momento posterior si así se prevé en la garantía.
    - El requerimiento de pago es una declaración del beneficiario indicando qué aspecto ha sido incumplido por el ordenante, excepto que se excluya expresamente esa condición
    - Revisión de los documentos:
        - El garante debe revisar los documentos basándose únicamente en dichos documentos.
        - Los datos en un documento no necesitan ser idénticos al resto de datos en ese documento o en cualquier otro documento, pero no deben ser contradictorios.
        - Si se solicita un documento sin especificar si debe ir firmado, quien debe emitirlo o su contenido, el garante toma el documento presentado si parece cumplir la función para el que fue solicitado.
        - Un documento no solicitado no se tiene en cuenta.
        - El garante no necesita comprobar los cálculos efectuados por el beneficiario.

- Una presentación (ejecución de la garantía) se efectúa en el lugar de la emisión, o en el lugar que se especifica en la garantía, en o antes del vencimiento.
- Si se solicita presentación electrónica, se debe indicar el formato, el sistema y la dirección electrónica.
- El garante, dentro de los cinco días hábiles contados a partir del día siguiente al de la presentación, debe revisar el requerimiento y determinar si es conforme.
- El garante transmite a la parte instructora (ordenante) copia del requerimiento conforme y de cualquier otro documento relacionado. La parte instructora no puede retener el pago a la espera de dicha transmisión.
- Si el requerimiento de pago no es conforme, el garante puede rechazarlo o solicitar a la parte instructora una renuncia a las discrepancias.
- El garante no queda obligado por el resultado de dicha solicitud a la parte instructora y puede devolver los documentos no conformes en cualquier momento
- Un requerimiento presentado y considerado no conforme puede volverse a presentar mientras está vigente la garantía.
- Cuando una presentación incluye como alternativa una solicitud de prórroga del vencimiento, se puede suspender el pago por un periodo de hasta 30 días.
- Si el ordenante acepta la prórroga, queda retirada la ejecución, y si no la acepta debe pagarse inmediatamente sin nuevo requerimiento.
- Cuando el garante rechaza el pago tiene que realizar una única notificación al presentador del requerimiento, indicando que lo rechaza y las discrepancias por las que lo rechaza.
- Si la solicitud de pago (presentación) no es posible por causas de fuerza mayor, la garantía (y la contragarantía si la hay) se prorrogan por 30 días.
- Si el garante no actúa en la forma y plazos indicados pierde el derecho a alegar que la presentación no es conforme.

12. Sea o no devuelto el documento de garantía vence:
    - A su vencimiento.
    - Cuando no queda ya importe a pagar.
    - Cuando el beneficiario presenta firmada la liberación de responsabilidades.
    - Cuando la garantía no indica fecha de vencimiento, termina a los tres años desde su emisión, y si es una contragarantía treinta días después.

13. El garante no es responsable de las demoras o pérdidas en la transmisión de documentos. Tampoco es responsable del valor legal, suficiencia o exactitud de los documentos presentados.

14. La garantía se puede transferir cuando expresamente se hace constar en su texto, puede transferirse más de una vez por el importe disponible en ese momento. Las contragarantías no son transferibles.

    Una vez transferida la garantía, el requerimiento y la declaración deben ir firmadas por el nuevo beneficiario, y el nombre del nuevo beneficiario puede aparecer en los documentos en lugar del nombre del beneficiario que solicitó la transferencia.

15. El beneficiario puede "ceder el producto "del cobro que pueda tener derecho en base a la garantía, si bien el garante no está obligado a pagar al cesionario salvo que haya manifestado su acuerdo. (heredado de las UCP600, la cesión se explica en la publicación sobre los créditos documentarios).

Avales y garantías internacionales. Standby,s letter of credit.

16. Ley y jurisdicción, salvo indicación contraria, es la de la plaza del garante (emisor de la garantía). Salvo indicación contraria, en caso de litigio entre garante y beneficiario será resuelto por tribunales del país donde esté la oficina/sucursal del garante.

Formato de garantía a primer requerimiento bajo las URDG 758 de la Cámara de Comercio Internacional.

Nombre y dirección del banco garante y código Swift (cuando es un banco).

A: Nombre, dirección y datos de contacto del beneficiario.

Fecha: DD/MM/AAAA

Referencia de la garantía: 1234567890A

Tipo de garantía: Licitación, devolución de pago anticipado, cumplimiento de contrato, de pago de bienes o servicios, de retención de pago, mantenimiento, calidad, etc.

Ordenante y su dirección.

Relación subyacente: La obligación del ordenante con el beneficiario (el contrato, oferta u otro motivo base de la garantía).

Moneda e importe de la garantía.

Documentos solicitados en apoyo a la solicitud de pago por el beneficiario y el o los idiomas en que pueden ser emitidos.

Forma de presentación de la solicitud de pago, papel, mensajería Swift o electrónica.

Lugar de presentación. Si no se indica se considera como tal la dirección del garante.

Vencimiento, hay que indicar la fecha o el hecho que lo determina.

Distribución de gastos y comisiones. En muchos casos se reparten, aunque no siempre.

Como garante, nos comprometemos a pagar al beneficiario cualquier importe que nos sea reclamado con una presentación conforme, en la forma de presentación indicada más arriba, junto con su requerimiento debidamente firmado.

Cualquier requerimiento en virtud de esta garantía deberá ser recibido por nosotros en o antes del vencimiento en el lugar arriba indicado.

La presente garantía está sujeta a la legislación española y a las Normas de Comercio Internacional para Garantías a Primera Demanda (Publicación 758 de la Cámara de Comercio Internacional).

Avales y garantías internacionales. Standby,s letter of credit.

CLÁUSULAS PARA INSERTAR EN GARANTÍAS A PRIMER REQUERIMIENTO.

Momento desde el que puede presentarse un requerimiento.
Un requerimiento en virtud de esta garantía podrá ser presentado a partir de (indicar fecha o hecho), por ejemplo:
- El abono de [moneda e importe exacto a recibir en concepto de pago anticipado] en la cuenta del ordenante [indique número de cuenta] que mantiene con el garante, a condición de que el pago identifique la garantía con la que está relacionado.
- La recepción por el garante de [inserte moneda e importe exacto a recibir en concepto de pago anticipado] para su abono en la cuenta del ordenante [indique número de cuenta] que mantiene con el garante, a condición de que el pago identifique la garantía con la que está relacionado; o
- La presentación al garante de una declaración indicando [la liberación de la garantía de licitación] [la emisión de un crédito documentario de acuerdo con las siguientes condiciones: indique importe, parte emisora o confirmadora, y descripción de las mercancías/servicios] o [la entrada en vigor del contrato subyacente].

Cláusula de variación del importe.
El importe de la garantía se reducirá en [inserte el porcentaje del importe de la garantía, o la moneda y el importe exacto] contra [elija una o varias de las siguientes opciones:
- Presentación al garante de los siguientes documentos: [inserte documentos];
- (Un índice especificado en la garantía) En el momento en que [especifique el nombre del índice] indique [inserte el valor del índice que ocasionará la reducción en el importe de la garantía]; o
- (En una garantía de pago) El pago de [moneda y el importe exacto del pago] en la cuenta del beneficiario [indique número de cuenta] que mantiene con el garante, a condición de que el registro del pago permita al garante identificar la garantía con la que está relacionado (por ejemplo, aludiendo al número de referencia de la garantía).

El importe de la garantía se incrementará en [inserte el porcentaje o la moneda y el importe exacto] contra [elija una o varias de las siguientes opciones:
- Presentación al garante de los siguientes documentos: [inserte la relación de documentos];
- Presentación al garante de la declaración del ordenante manifestando que el contrato subyacente ha sido modificado para aumentar el ámbito o el valor de las obras y especificando la moneda y el importe del nuevo valor; o
- (Un índice especificado en la garantía) En el momento en que [especifique el nombre del índice] indique [inserte el valor del índice que ocasionará el incremento en el importe de la garantía].

Modelos de condición en relación con la declaración de soporte a presentar por el beneficiario según el artículo 15 (a).
En el caso de una garantía de licitación, la declaración de soporte podría indicar: El ordenante,
- Ha retirado su oferta durante el período de licitación, o
- A pesar de haber resultado adjudicatario, el ordenante no ha firmado el contrato correspondiente a su oferta y/o ha dejado de presentar las garantías requeridas en las condiciones de licitación.

En el caso de una garantía de cumplimiento, la declaración de soporte podría indicar: El ordenante ha incumplido sus obligaciones en la relación subyacente debido a [una entrega fuera de plazo] [que la ejecución del contrato no se ha completado en la fecha prevista] [la cantidad de mercancía suministrada es inferior a la prevista por contrato] [las obras entregadas son defectuosas] etc.

En el caso de una garantía de pago, la declaración de soporte podría indicar: El ordenante ha incumplido su obligación contractual de pago.

Avales y garantías internacionales. Standby,s letter of credit.

Las declaraciones de soporte solicitadas en otros tipos de garantía (pago anticipado, retención de pago, entrega, calidad, mantenimiento, etc.) deberían igualmente redactarse en forma genérica sin que fuera necesario para el beneficiario demostrar su reclamación, o aportar minuciosos detalles técnicos del incumplimiento, en ausencia de un requerimiento específico en la garantía.

Ejemplo de garantía de devolución de pago anticipado con texto recomendado por la Cámara de Comercio Internacional.

De: Banco Hispania, S.A. (Zaragoza Branch, Spain).
A: International Purchasers Ltd. Chicago, Illinois, U.S.A.

Fecha: 14 de enero de 2.024.

Muy Sres. Nuestros:

Hemos sido informados que Hispania S.A. con domicilio en Cl. Coso, 250, 50.999 Zaragoza, España, (en adelante "el Ordenante") ha suscrito un Contrato (cursado un Pedido), con fecha 01 de enero de 2024 bajo la referencia EXP100 con usted para el suministro de maquinaria industrial y su mantenimiento por un periodo de tres años.

En dicho Contrato (Pedido) se establece que un pago anticipado por importe de Usd. 300.000,00.- (trescientos mil dólares de los Estados Unidos de América del Norte) debe ser realizado contra la emisión de una garantía de devolución de anticipo.

A petición del ordenante, nosotros, Banco Hispania, S.A. irrevocablemente nos comprometemos a pagarle cualquier suma o sumas que no excedan la cantidad total de Usd. 300.000,00.- (trescientos mil dólares de los Estados Unidos de América del Norte) a su primer requerimiento, el cual deberá ir acompañado de un certificado escrito emitido por ustedes en que conste:
  a) que el ordenante ha incumplido sus obligaciones bajo el contrato mencionado y,
  b) el motivo por el cual el ordenante ha incumplido.

Para evitar cualquier malentendido en la identificación de su carta de reclamación, la misma debe ser enviada por courier o correo certificado y recibida por nosotros antes de la fecha de caducidad, junto con la declaración de un banco de primer orden de Chicago, Illinois, Estados Unidos de Norte América, que nos confirme que las firmas que aparecen en el escrito son válidas de su compañía pues, de lo contrario, no se tendrá en consideración.

Para cualquier reclamación y pago a realizar bajo la presente garantía es condición indispensable que el pago anticipado anteriormente mencionado haya sido recibido por el ordenante en su cuenta número ES01 0036 0368 0010 0001 en Banco Hispania, S.A. Oficina de Zaragoza, España.

La presente garantía caducará el día 30 de junio de 2024 lo más tarde.

La presente garantía está sujeta a la legislación española y a las normas de Comercio Internacional para Garantías a Primera Demanda (Publicación 758 de la Cámara de Comercio Internacional). Toda diferencia resultante de la presente garantía será resuelta por los Tribunales de Zaragoza (España).

La garantía se ha inscrito en el Registro Especial de Avales y Garantías con el número 00012018GA0000000033.

Firma (s):

Avales y garantías internacionales. Standby,s letter of credit.

8. Resumen de la Convención de las Naciones Unidas sobre Garantías Independientes y Cartas de Crédito Contingente (carta de crédito Stand-by). Nueva York, 1995.

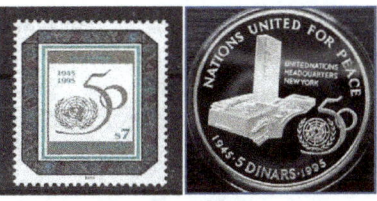

Aprobada por la Asamblea General, la Convención tiene por objeto facilitar el empleo con fines financieros de la garantía independiente y de la carta de crédito contingente.

La Convención es el resultado de la interacción entre entidades como la Cámara de Comercio Internacional y Uncitral, para incentivar el uso de las garantías independientes y las cartas de crédito Standby, establece principios básicos y elementos caracterizadores.

Se aplica a las promesas internacionales mencionadas en el artículo 2, que con el nombre común de "promesa", cobija a las garantías independientes y a las cartas de crédito Stand-by:

a. Si el establecimiento del garante /emisor en que se emite la promesa se halla en un Estado contratante, o
b. Si las normas de derecho internacional privado conducen a la aplicación de la ley de un Estado contratante, salvo que la promesa excluya la aplicación de la Convención.

Se aplica también a toda carta de crédito internacional distinta de las recogidas en el artículo 2, cuando se dice expresamente en ella que queda sometida a la Convención.

Por "promesa" se entiende también a la "contragarantía" y a la "confirmación de una promesa".

Para los fines de la Convención, una promesa es independiente cuando la obligación del garante /emisor frente al beneficiario:

a. No depende de la existencia o validez de una operación subyacente, ni de ninguna otra promesa, o,
b. No está sujeta a ninguna cláusula que no aparece en la promesa ni a ningún acto o hecho futuro e incierto, salvo la presentación de documentos u otro acto o hecho análogo comprendido en el giro de los negocios del garante /emisor.

Artículo 9. Transferencia del derecho del beneficiario a reclamar el pago.

1) El derecho del beneficiario a reclamar un pago sólo puede transferirse de autorizarlo la promesa, y en la medida y en la forma en que ésta lo haya autorizado.

2) Cuando una promesa se designa como transferible sin especificar si se requiere o no el consentimiento del garante /emisor o de otra persona autorizada, éstos no están obligados a efectuar la transferencia salvo en la medida y forma en que la hayan expresamente consentido.

Artículo 10. Cesión del derecho al cobro.

1) A menos que se disponga otra cosa en la promesa o que el garante /emisor y el beneficiario hayan acordado lo contrario en otra parte, el beneficiario puede ceder a otra persona cualquier suma que le sea debida, o que pueda llegar a debérsele.

2) Si el garante /emisor u otra persona obligada a efectuar el pago ha recibido, en una de las formas previstas en el párrafo 2) del artículo 7, una notificación del beneficiario de la cesión irrevocable efectuada por él, el pago al cesionario libera al deudor en la cuantía de dicho pago, de su obligación derivada de la promesa.

Artículo 11. El derecho del beneficiario a reclamar el pago con arreglo a la promesa se extingue cuando:

a. El garante /emisor ha recibido una declaración del beneficiario liberándolo de su obligación en una de las formas previstas en el párrafo 2) del artículo 7. (7.2. Emisión, forma e irrevocabilidad de la promesa. Se puede emitir una promesa en cualquier forma por la que se deje constancia del texto de la promesa y que permita autenticar su origen por un medio generalmente aceptado o un procedimiento convenido al efecto por el garante /emisor y el beneficiario.)

b. El beneficiario y el garante /emisor han convenido la rescisión en la forma que se dispone en la promesa o, en su defecto, en alguna de las formas previstas en el párrafo 2) del artículo 7.

c. Se ha pagado la suma consignada en la promesa, salvo que prevea la renovación automática o un aumento automático de la suma consignada o haya dispuesto de otro modo la continuación de la promesa;

d. El período de validez de la promesa haya vencido de conformidad con lo dispuesto en el artículo 12.

La promesa puede disponer, o el garante /emisor y el beneficiario convenir en otra parte, que la devolución del documento con la promesa, o algún trámite equivalente si se ha emitido en forma que no es sobre papel, es necesaria para la extinción del derecho a reclamar el pago, por sí misma o conjuntamente con uno de los hechos mencionados en los incisos a) y b) del párrafo 1) del presente artículo.

La retención del documento por el beneficiario después de la extinción del derecho a reclamar el pago de conformidad con los incisos c) o d) anteriores no preserva derecho alguno del beneficiario con fundamento en la promesa.

Artículo 12. Vencimiento. El período de validez de la promesa vence:

a. En la fecha de vencimiento, que puede ser una fecha señalada en la promesa o el último día de un plazo en ella fijado. Si no es laborable en el lugar del establecimiento del garante /emisor en el que se ha emitido, o en el de otra persona u otro lugar indicado en la promesa para la presentación de la reclamación de pago, el vencimiento ocurre en el primer día laborable siguiente.

b. Si, a tenor de la promesa, el vencimiento depende de que se produzca un acto o hecho que quede fuera del ámbito de las actividades del garante /emisor, cuando sea informado de que ese acto o hecho se ha producido mediante la presentación del documento previsto al efecto en la promesa o, de no haberse previsto, cuando reciba la certificación del beneficiario de que el acto o hecho ha tenido lugar.

c. Si la promesa no señala fecha de vencimiento, o está por determinarse mediante la presentación de documento requerido del acto o hecho determinante del vencimiento, al transcurrir seis años de la fecha de emisión de la promesa.

Artículo 16. Examen de la reclamación y de los documentos que la acompañan

1) El garante /emisor debe examinar la reclamación y cualquier documento que la acompañe conforme a la norma de conducta enunciada en el párrafo 1) del artículo 14: "En el cumplimiento de sus obligaciones fundadas en la promesa y en la presente Convención, el garante /emisor actuará de buena fe y con la debida diligencia teniendo debidamente en cuenta las normas de la práctica internacional generalmente aceptadas en materia de garantías independientes o de cartas de crédito contingente."

Para comprobar si los documentos son conformes con los términos de la promesa y si son coherentes entre sí, el garante /emisor debe tener en cuenta la norma internacional aplicable en la práctica internacional en materia de garantías independientes o de cartas de crédito contingente.

3) De no haberse dispuesto otra cosa en la promesa o de no haberse acordado lo contrario en otra parte por el garante /emisor y el beneficiario, el garante /emisor dispone de un plazo razonable, que no excederá de siete días laborables contados a partir del día de recepción de la reclamación y de cualquier documento que la acompañe, para:
a. Examinar la reclamación y cualquier documento que la acompañe;
b. Decidir si efectúa o no el pago;
c. Si la decisión es de no pagar, notificársela al beneficiario.

De no haberse dispuesto otra cosa en la promesa o de no haberse acordado lo contrario en otra parte por el garante /emisor y el beneficiario, la notificación mencionada en el anterior inciso c) debe efectuarse por teletransmisión o, de no ser ello posible, por otro medio expedito y en ella debe indicarse el motivo de la decisión de no pagar.

Artículo 17. Pago.

1) Sin perjuicio de lo dispuesto en el artículo 19, el garante /emisor debe pagar toda reclamación presentada que sea conforme con lo dispuesto en el artículo 15 (1. Toda reclamación de pago fundada en la promesa deberá hacerse en alguna de las formas previstas en el párrafo 2) del artículo 7 y a tenor de los términos de la promesa.). Tras determinarse que una reclamación de pago guarda esa conformidad, el pago debe efectuarse sin demora, a menos que la promesa disponga un pago diferido, en cuyo caso el pago deberá efectuarse en el momento señalado.

2) Todo pago contra una reclamación que no sea conforme con lo dispuesto en el artículo 15 no perjudicará los derechos del solicitante.

Artículo 19. Excepción a la obligación de realizar el pago.

1) De ser claro y manifiesto que:
a. Algún documento no es auténtico o está falsificado;
b. El pago no es debido en razón del fundamento alegado en la reclamación y en los documentos justificativos; o
c. A juzgar por el tipo y la finalidad de la promesa, la reclamación carece de todo fundamento, el garante /emisor, que esté obrando de buena fe, tiene el derecho frente al beneficiario de retener el pago.

Artículo 21. Elección de la ley aplicable. La promesa se regirá por la ley que:
a. Se designe en la promesa o sea deducible de los términos de la misma; o
b. Se convenga en otra parte por el garante /emisor y el beneficiario.

Avales y garantías internacionales. Standby,s letter of credit.

Artículo 22. Determinación de la ley aplicable. De no haber sido elegida la ley aplicable con arreglo al artículo 21, la promesa se regirá por la ley del Estado en que el garante /emisor tenga el establecimiento donde la promesa haya sido emitida.

> **La cláusula de prórroga automática.**
>
> Permite que la garantía o la Carta de Crédito Standby se emita la por un período inicial especificado (generalmente un año) con una prórroga "automática" del vencimiento.
>
> Cláusula: "Una condición de esta garantía /carta de crédito Standby es que se deberá considerar automáticamente prorrogada por un período adicional de un año a partir del presente o cualquier fecha futura que se establece en la misma, salvo que al menos 30 (60/90) días antes de dicha fecha de vencimiento le notifiquemos por servicio de mensajería o correo certificado que optamos por no prorrogar esta carta de crédito."

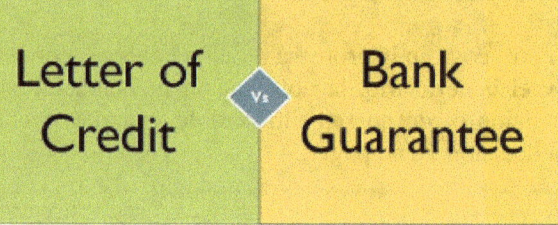

9.- La carta de crédito contingente o "Standby".

Su finalidad es garantizar el pago de una obligación del ordenante, a favor del beneficiario, por conceptos relacionados o no con operaciones comerciales.

Respalda el riesgo de incumplimiento en que pueda incurrir el ordenante. El beneficiario queda garantizado según los términos y condiciones contenidos en el texto de la Standby, por lo que es aconsejable que analice concienzudamente el texto completo al recibirla, para asegurarse que está de acuerdo con sus términos y condiciones y corresponden a lo que pactó con el ordenante.

Las cartas de crédito contingentes se parecen a las garantías y a las fianzas, tienen su origen en los Estados Unidos, donde su legislación bancaria prohíbe a las entidades de crédito asumir las obligaciones de garantía vis-à-vis de terceros.

Para eludir esta regla, los bancos de Estados Unidos crearon las cartas de crédito "Standby", que se basan en las "Reglas y Usos Uniformes relativos a los Créditos Documentarios.

La normativa estadounidense ha adaptado la figura del crédito documentario y ha variado su finalidad a partir de los documentos que se requieren para que se haga efectiva.

Avales y garantías internacionales. Standby,s letter of credit.

El uso de las cartas de crédito Standby se ha extendido en el mundo, siendo adoptadas por organismos internacionales como el Banco Interamericano de Desarrollo (BID) y el Banco Mundial, si bien aún se encuentran reticencias en el viejo continente en aceptarla, prefiriendo los créditos documentarios o garantías de pago a primer requerimiento.

La amplia utilización de esta figura obedece a dos aspectos principalmente:

1. En Estados Unidos y en muchos países de su área de influencia, a las limitaciones legales para que los bancos emitan garantías por cuenta de terceros y contractuales.
2. En general, por el sometimiento a reglas y usos conocidas, de amplia utilización, y de reconocida valía.

La carta de crédito Standby es pagadera en la medida que se presentan los documentos que certifican el incumplimiento del vendedor, a diferencia del crédito documentario que se paga cuando el banco comprueba, a través de la revisión documentaria, que hay cumplimiento por el vendedor.

> 1. **Las cartas de crédito stand-by están en el mismo plano y función que las garantías a primer requerimiento - con sus tipos básicos -, son especies de un mismo género.**
>
> 2. **Las cartas de crédito stand-by se pagan si el ordenante deja de cumplir sus obligaciones (es como ejecutar un aval), mientras que el crédito documentario es un medio de cobro contra documentos.**
>
> 3. **Las standby las emiten los bancos normalmente por Swift, en formato de Crédito Documentario por mensaje Swift MT700, o en formato de Garantía mediante mensaje Swift MT760.**

Terminología de las standby:

1. **Solicitante,** es quien encarga la emisión del crédito contingente, o por cuya cuenta se emite.

2. **Beneficiario,** es quien ostenta el derecho de disposición.

3. **Confirmante,** es quien al ser designado por el emisor añade su promesa de cumplimiento.

4. **Reclamación,** es la solicitud de cumplimiento del crédito contingente.

5. **Documento,** es un instrumento de giro, reclamación, factura, certificado de incumplimiento, documento de título o cualquier plasmación de hechos, leyes, derechos u opiniones que, al presentarse, se examina para determinar si cumple con las condiciones y términos del crédito contingente.

6. **Presentador,** es la persona que realiza la presentación, el beneficiario o la persona designada.

7. **Presentación,** es la entrega de los documentos relativos a un crédito contingente para solicitar el pago.

8. **Disposición,** se denomina a la reclamación del pago.

9. **Fecha de vencimiento,** es el último día para realizar la o las presentaciones.

10. **Firma,** incluye todo símbolo ejecutado o adoptado por una persona con la intención de autenticar un documento.

Características de las Standby:

a. Al igual que en las garantías, si se cumplen las obligaciones que se garantizan no se ejecutan y vencen sin ser utilizadas.

b. Una Standby es documentaria, las obligaciones del emisor dependen de la presentación y, en su caso, de la revisión en base a su apariencia de los documentos requeridos.

c. Si no se cumplen las obligaciones garantizadas, se efectúa el pago al beneficiario contra presentación de los documentos que en la carta de crédito se estipulan.

d. Las Standby,s se pueden confirmar (un tercer banco asume el compromiso de pago si no paga el banco emisor), de igual manera que los créditos documentarios, a diferencia de las garantías que no se confirman.

e. La carta de crédito contingente es una promesa irrevocable, independiente de la operación o contrato que garantiza. Las referencias al subyacente y a los acuerdos y contratos relacionados son "sólo para fines informativos"

f. Las obligaciones del emisor al amparo del Standby no pueden ser modificadas o canceladas por dicho emisor, salvo por lo previsto en el propio Standby o según sea consentido por la persona contra la cual la modificación o cancelación se hace valer.

g. Destaca el carácter abstracto de la obligación de pago, que es autónoma, documentaria y vinculante desde su emisión.

h. Al igual que en los avales y garantías, su finalidad es garantizar el correcto cumplimiento de determinadas obligaciones del deudor.

i. Se sitúan en el mismo plano y función que las garantías a primer requerimiento.

j. En función de la finalidad y la obligación garantizada, pueden ser de cumplimiento, devolución de anticipo, licitación, fianzas, crédito contingente, etc.

k. Precisan de uno o varios documentos para su utilización (reclamación del pago al beneficiario) como un certificado, copia del conocimiento de embarque, factura, etc.

Las normas más importantes que conforman el régimen internacional de la carta de crédito contingente son la Convención de Naciones Unidas sobre Garantías Independientes y Cartas de Crédito Standby (1995), y las Prácticas Internacionales en materia de Cartas de Crédito Standby, ISP98, del Instituto de Derecho y Prácticas Bancarias Internacionales, IDPBI, (1998).

- El ámbito de aplicación de la Convención es muy limitado, ya que solo ha sido ratificada por ocho Estados, sin que ninguno de ellos sea un actor internacional de primer orden.

Avales y garantías internacionales. Standby,s letter of credit.

- Las ISP98 han sido aprobadas por la CCI a través del Folleto N°590 (1999) y por la CNUDMI (2000), obteniendo un amplio reconocimiento y aplicación a nivel internacional.

Las cartas de crédito contingente se someten también, en muchos casos, a la publicación Nº 600 de la Cámara de Comercio Internacional relativa a los créditos documentarios, veamos a continuación el *"Artículo 1. Aplicación de las RUU" Las Reglas y usos uniformes para créditos documentarios, revisión 2007, publicación Nº 600 de la CCI («RUU»), son de aplicación a cualquier crédito documentario («crédito») (incluyendo en la medida en que les sean aplicables las cartas de crédito contingente) cuando el texto del crédito indique expresamente que está sujeto a estas reglas. Obligan a todas las partes salvo en lo que el crédito modifique o excluya de forma expresa".*

Cláusula a incluir en el texto de la Standby para someterse a arbitraje de la CCI en caso de conflicto: **"Cualquier disputa que pueda surgir en relación con la presente promesa, será resuelta definitivamente bajo las Reglas de Conciliación y Arbitraje de la Cámara de Comercio Internacional por uno o más árbitros designados conforme a tales normas", o bien "Todas las desavenencias que deriven de la presente promesa o se refieran a ella están sometidas a arbitraje al amparo de las Reglas del International Center for Letter of Credit Arbitration – ICLOCA - (1996)".**

9.1 Clasificación de las Standby en función de la finalidad y obligación garantizada.

A10.1. **Crédito contingente de cumplimiento, que garantiza la ejecución de un contrato.** También denominada "Performance Bond", se emite para garantizar al comprador o empleador el cumplimiento del contrato o proyecto, o para cubrir el período de garantía. Se emite por un porcentaje del monto del contrato.

Ejemplo de Standby de cumplimiento de contrato.

Emisor: Banco Hispania, S.A.
Calle Coso 1000 50.999 Zaragoza, España

Ordenante: Exportadora Española, S.A.
Avda. de Ranillas, 100 50000 Zaragoza, España.

Beneficiario: Petróleos Mercantiles, S.A.
Calle Princesa, 3210 México DF., México.

Número de carta de crédito standby: SBLC1000

Fecha de emisión: 30 de diciembre de 2023
Fecha de vencimiento: 30 de diciembre de 2024

Estimados señores:

Comunicamos a ustedes que hemos establecido nuestra carta de crédito standby No. SBLC1000 a favor de Petróleos Mercantiles, S.A. por la cantidad máxima de $1.000.000,00 (un millón de pesos mexicanos).

Avales y garantías internacionales. Standby,s letter of credit.

Esta carta de crédito standby se emite por el 10% del importe total del contrato 0123 de fecha 30 de noviembre de 2.023, para el suministro y montaje de dos equipos de proceso, celebrado entre Exportadora Española, S.A. y Petróleos Mercantiles, S.A., y garantiza el cumplimiento de las obligaciones asumidas por el ordenante.

La presente carta de crédito standby es pagadera a la vista en nuestras oficinas ubicadas en Calle Coso 1000 50.999 Zaragoza, España, contra la presentación de los siguientes documentos:

1. Requerimiento de pago en hoja membretada del beneficiario, con la referencia de esta carta de crédito standby y manifestando el incumplimiento de las obligaciones del ordenante Exportadora Española, S.A.

2. Declaración del beneficiario con indicación de las estipulaciones del contrato o123 que ha incumplido el ordenante Exportadora Española, S.A.

3. Copia o fotocopia de esta Carta de crédito standby.

Condiciones especiales:

1. Conforme a esta carta de crédito standby se permiten disposiciones parciales, pero el importe acumulado de los requerimientos de pago no podrá exceder del importe total.

2. Todas las comisiones y gastos fuera de España de esta carta de crédito standby son por cuenta del beneficiario.

Nos comprometemos irrevocablemente con el Beneficiario a honrar sus requerimientos de pago que cumplan con los términos y condiciones de esta carta de crédito standby, en o antes de la fecha de vencimiento, de acuerdo a las instrucciones de pago que el Beneficiario señale en su requerimiento de pago.

Si el requerimiento de pago no cumple con los términos y condiciones de esta carta de crédito standby, a más tardar a los cinco días de la recepción del requerimiento, remitiremos aviso por escrito al beneficiario del rechazo de la presentación, especificando las discrepancias encontradas.

Si se ha rechazado un requerimiento, una vez subsanadas las discrepancias, se podrá volver a presentar en o antes de la fecha de vencimiento.

Esta carta de crédito standby se rige e interpreta de conformidad con las leyes españolas y, complementariamente, con las ISP98 Prácticas Internacionales para Standby emitidas por la Cámara Internacional de Comercio, publicación ICC 590.

Ante cualquier controversia que surja, nos sometemos a los tribunales de Zaragoza, España.

Atentamente,
Banco Hispania, S.A.

B10.1. Crédito contingente de comercial, que respalda el pago de un bien o servicio adquirido, puede también incluir cualquier otra obligación de pagar.

Avales y garantías internacionales. Standby,s letter of credit.

Los créditos contingente son habituales en el comercio internacional como sustitutivos de los créditos documentarios. Ver comentarios en el apartado sobre garantías de pago, son coincidentes.

Ejemplo genérico de crédito contingente de pago.

Banco emisor: ... *(nombre del banco y domicilio)* ....

Banco avisador: Banco Hispania, S.A. domicilio ..... Zaragoza, España.

Carta de crédito stand-by número ....

Fecha:

Por la presente emitimos a favor Exportadora Española, S.A. (beneficiario), con domicilio en ...... Zaragoza, España, carta de crédito stand-by irrevocable número 00001, por hasta un importe máximo de Euros. 100.000,00, (euros cien mil) por cuenta y orden de Compradora Internacional, S.A. (ordenante) *(adquirente de las mercancías o servicios y su domicilio)* ....

Descripción de los servicios o mercancías a suministrar por el beneficiario: ....

Utilizaciones parciales permitidas.

Crédito pagadero en las cajas de Banco Hispania, S.A. Zaragoza, a los cinco días laborables de su mensaje autenticado por Swift indicando que todos los términos y condiciones del crédito documentario stand-by han sido cumplidos.

El pago se realizará contra la presentación de los siguientes documentos:

1. Una factura por el importe reclamado a cargo de Compradora Internacional, S.A., en la que figure la descripción de las mercancías y/o servicios suministrados impagados a su vencimiento.

2. Copia de documento de transporte acordado, en el que como destinatario y receptor de la mercancía figure ...(comprador o su agente)... y la mercancía sea la indicada en la factura cuyo pago se solicita.

3. Certificado del beneficiario en el que manifieste que la factura a la que hace referencia corresponde a mercancías y servicios suministrados a Compradora Internacional, S.A. y no ha sido pagada a su vencimiento.

El importe de esta carta de crédito stand-by se reducirá por todos los pagos que se realicen por utilizaciones parciales al amparo de la misma.

Esta carta de crédito stand-by no es transferible.

La presente carta de crédito stand-by permanecerá en vigor hasta el día .... en que caducará y quedará sin efecto ni validez.

La presente carta de crédito irrevocable se somete a los Usos Internacionales relativos a los Créditos Contingentes (ISP98) de la Cámara Internacional de Comercio.

Por favor, avisen de la emisión del presente standby letter of credit a ....

Avales y garantías internacionales. Standby,s letter of credit.

(plaza y fecha) ……………, …, ……………, ……
Banco ....

STANDY L/C EN CARTA (en papel, no Swift)

NUESTRA "STAND BY LETTER OF CREDIT" IRREVOCABLE NUMERO_____ CONFIRMADA POR BANCO SANTANDER CENTRAL HISPANO, S.A. DISPONIBLE EN SUS CAJAS

NOSOTROS, *(BANCO EMISOR), (DIRECCION)*, HEMOS SIDO INFORMADOS DE QUE *(EL APLICANTE-IMPORTADOR)* (EN ADELANTE EL COMPRADOR) HA ESTABLECIDO RELACIONES COMERCIALES CON *(EL BENEFICIARIO-EXPORTADOR)* (EN ADELANTE EL VENDEDOR) PARA EL SUMINISTRO DE *(DESCRIPCION DE LA MERCANCIA)*.

EN CONSECUENCIA NOSOTROS, *(BANCO EMISOR)*, EMITIMOS DE FORMA IRREVOCABLE LA PRESENTE STAND BY LETTER OF CREDIT (EN ADELANTE LA CARTA) A FAVOR DEL VENDEDOR Y POR CUENTA DEL COMPRADOR HASTA LA SUMA DE *(IMPORTE)*.

NOS COMPROMETEMOS A PAGARLE A PRIMERA DEMANDA AL VENDEDOR, HASTA LA CANTIDAD ARRIBA INDICADA, EN EL CASO DE QUE A LA FECHA DEL CONOCIMIENTO DE PAGO, EL COMPRADOR NO HAYA REEMBOLSADO EL IMPORTE FACTURADO POR EL VENDEDOR, CONTRA PRESENTACION DE LOS SIGUIENTES DOCUMENTOS:

- DOCUMENTO FIRMADO POR EL VENDEDOR DECLARANDO QUE EL COMPRADOR NO HA CUMPLIDO CON SU COMPROMISO DE PAGO.
- CONOCIMIENTO DE DICHA FIRMA POR BANCO SANTANDER CENTRAL HISPANO, S.A., INDICANDO: FIRMA CON PODERES SUFICIENTES.
- FACTURA DE LA MERCANCIA OBJETO DE LA RECLAMACION.
- COPIA DEL DOCUMENTO DE TRANSPORTE B/L CONSIGNADO A NOMBRE DE *(COMPRADOR)* *(DIRECCION)*.
- EFECTO A CARGO DE SANTANDER CENTRAL HISPANO, CL BRETON DE LOS HERREROS 1, 26001 LOGROÑO, ESPAÑA

ESTA CARTA TIENE VALIDEZ HASTA *(FECHA)*, FECHA EN LA QUE QUEDARA NULA, CADUCADA Y SIN EFECTO, NO ATENDIENDO POR NUESTRA PARTE NINGUNA RECLAMACION POSTERIOR.

CUALQUIER PAGO PARCIAL O TOTAL POR PARTE DEL COMPRADOR RELACIONADO CON LA FACTURA CUBIERTA POR ESTA CARTA REDUCIRA POR IGUAL IMPORTE NUESTRA OBLIGACION DE PAGO.

ESTA CARTA, EN CASO DE HACERSE EFECTIVA, SERA PAGADERA A *(VENDEDOR)*. SIN DEDUCCIONES DE NINGUN TIPO DE IMPUESTOS Y/O GRAVAMENES EXISTENTES A LA FECHA O QUE LLEGASEN A EXISTIR EN EL FUTURO EN ESPAÑA O ITALIA.

ESTA CARTA ESTA SUJETA A LOS USOS INTERNACIONALES RELATIVOS A LOS CREDITOS CONTINGENTES DE 1998.

TODA DIFERENCIA RESULTANTE DE LA PRESENTE CARTA DE CREDITO STAND BY SERA RESUELTA DEFINITIVAMENTE DE ACUERDO CON EL REGLAMENTO DE CONCILIACION Y ARBITRAJE DE LA CAMARA DE COMERCIO INTERNACIONAL, POR UNO O VARIOS ARBITROS NOMBRADOS CONFORME A DICHO REGLAMENTO. EL ARBITRAJE TENDRA LUGAR EN PARIS Y EL IDIOMA UTILIZADO SERA EL INGLES.

Avales y garantías internacionales. Standby,s letter of credit.

**Ejemplo crédito contingente de pago utilizando mensajería Swift Mt700, que es la que se utiliza en los créditos documentarios.
(desde noviembre 2021 Swift solamente se permite su emisión en mensaje MT760, si bien son válidos los emitidos en mensaje Swift MT700 antes de dicha fecha).**

Standby emitida mediante Swift Mt700

De: Banc Romania Post, S.A., Bucarest, Rumania, Swift: BARPROBU
A: Banco Hispania, Madrid, España, Swift: BAHIESMM

27	Secuencia del total: 1/1	
40A	Forma del crédito documentario: Standby Irrevocable	
20	Documentary Standby Letter of Credit Number BR-STBL-00001	
31C	Fecha de emisión: 2023-11-01	
40E	Reglas aplicables: UCP última versión.	
31D	Fecha y lugar de vencimiento: 2024-05-30 en sus cajas.	
50	Ordenante : Import Devices SRL	
	Str. Daniel Sucuresti, 18 Bucarest, Romania	
59	Beneficiario: Exportadora Española, S.A.	
	Avda. de Ranillas, 100 50000 Zaragoza, España.	
32B	Código de moneda, importe: Eur. 100.000,00	
39B	Importe máximo del crédito: no excedible.	
41A	Disponible con…Por… BAHIESMM	
	Banco Hispania, Madrid, ES	
	Para pago.	
43P	Embarques parciales: permitidos.	
44A	Lugar de toma de carga / de recepción: Zaragoza, España.	
44B	Lugar de destino final / de entrega: Bucarest, Romania.	

45A   Descripción de las mercancías y/o servicios: Herramientas, de conformidad con el contrato 001 de fecha 01 de octubre de 2.023.
46A   Documentos Requeridos:
   1) Copia de la factura comercial nominada al ordenante, por importe igual o superior al solicitado para pago.
   2) Copia del ejemplar para el remitente del documento de transporte CMR.
   3) Escrito firmado por el beneficiario solicitando el pago y declarando que:
      a) ha suministrado las mercancías conforme a los términos del contrato 001 de fecha 01 de octubre de 2.023, y
      b) el ordenante ha faltado a sus obligaciones de pago.
47A   Condiciones adicionales:
+ Envíen los documentos en un único juego, vía courier (DHL, TNT, UPS or similar) a nuestro domicilio: Banc Romania Post, S.A. Bd. Dimitrie Popanest, No. 1 020000 Bucarest, Romania.
+ Los documentos deben emitirse en idioma inglés.
+ Se permiten los pagos parciales
+ Envíen una copia adicional de los documentos para el expediente del banco emisor.
71B   Cargos: todos los gastos y comisiones fuera de Rumania son por cuenta del beneficiario.
48   Periodo para presentación: dentro de plazo de validez de la standby L/c.
49   Instrucciones sobre confirmación: añadan su confirmación.
78   Instrucciones para el banco pagador /aceptador /negociador: Efectuaremos el reembolso con valor cuatro días laborables después de la fecha de recepción de su mensaje Swift autenticado, confirmándonos que nos envían documentos que cumplen con los términos y condiciones de este crédito standby.

Avales y garantías internacionales. Standby,s letter of credit.

72 Información del remitente al receptor: Esta standby L/c se somete a las UCP, ICC publicación 600, revisión 2007.

*Las cartas de crédito standby ya no se pueden emitir ni modificar con los mismos tipos de mensajes que los créditos documentarios, no se pueden utilizar más mensajes Swift MT 700 o MT 707 para las cartas de crédito standby.

*Los mensajes Swift MT 760 y MT 767 (modificación) se han mejorado, ampliando el número de campos.

Ejemplo de crédito contingente de pago (Standby) utilizando mensajería Swift Mt760, que es el tipo de mensaje obligatorio desde noviembre de 2021
cuando se transmite por mensajería Swift.

DE: Banc Romania Post, S.A., Bucarest, Rumania, Swift: BARPROBU
A: Banco Hispania, Madrid, España, Swift: BAHIESMM

M **15A Nueva secuencia:**
M **27 secuencia del total:** 1/1
M **22A propósito del mensaje:** emisión Standby Letter of Credit (SBLC).
72Z información del remitente al receptor:
23X identificación del archivo:
M **15B nueva secuencia:**
M **20 número de obligación:** BR-SBLC-00001
M **30 fecha de emisión:** 2024-01-01
M **22D forma de la obligación:** Irrevocable Standby
M **40C reglas aplicables:** ICC publicación 600, revisión 2007.
M **23B tipo de vencimiento:** En las cajas de Banco Hispania.
O **31E fecha de vencimiento:** 2024-04-30
O **35G condición de caducidad /evento:**
O **50 solicitante:** Import Devices SRL
        Str. Daniel Sucuresti, 18 Bucarest, Romania
O **51 obligado /parte instructora:**
M **52a emisor:** BANC ROMANIA POST, S.A. Bucarest, Rumania.
M **59a beneficiario:** Exportadora Española, S.A.
        Avda. de Ranillas, 100 50000 Zaragoza, España.
O **56a banco avisador:** BANCO HISPANIA, S.A. Madrid, España.
O **23 referencia del banco avisador:**
O **57a avisar a través del banco:**
M **32B importe de la obligación:** EUR 100,000.00
O **39D información de importe adicional:** No excedible.
O **41a disponible con:** BANCO HISPANIA, S.A. Madrid, España, para pago.
O **71D gastos:** todos los gastos y comisiones fuera de Rumania son por cuenta del beneficiario.
O **45C documento e instrucciones de presentación:**
Documentos requeridos:
1) Copia de la factura comercial nominada al ordenante, por importe igual o superior al solicitado para pago.
2) Copia del ejemplar para el remitente del documento de transporte CMR.
3) Escrito firmado por el beneficiario solicitando el pago y declarando que:
a) ha suministrado las mercancías conforme a los términos del contrato 001 de fecha 01 de diciembre de 2.023, y b) el ordenante ha faltado a sus obligaciones de pago.

Avales y garantías internacionales. Standby,s letter of credit.

M 77U términos del compromiso y condiciones: Garantizar el pago al beneficiario de herramientas adquiridas por el solicitante, de conformidad con el contrato 001 de fecha 01 de diciembre de 2.023.
+ Los embarques parciales están permitidos.
+ Lugar de toma de carga / de recepción Zaragoza, España.
+ Lugar de destino final / de entrega Bucharest, Romania.
+ Por favor envíen los documentos en un único juego, vía courier (DHL, TNT, UPS o similar) al domicilio: Banc Romania Post, S.A. Bd. Dimitrie Popanest, No. 1 020000 Bucharest, Romania.
+ Los documentos deben emitirse en idioma inglés.
+ Se permiten los pagos parciales
+ Envíen una copia adicional de los documentos para el expediente del banco emisor.
O 49 instrucciones sobre confirmación: Confirmar
O 58a parte de confirmación solicitada:
O 44H Ley aplicable y/o lugar de jurisdicción: Esta standby L/c se somete a las UCP de la ICC, publicación 600, revisión 2007.
O 23F periodo de extensión automática: 3 meses.
O 78 extensión automática notificación de no extensión:
O 26E notificación del periodo de extensión automática:
O 31S fecha final de caducidad de la extensión automática: 2024-07-31.
O 48B indicador de demanda:
O 48D indicador de transferir:
O 39E condiciones de transferir:
O 45L detalles de la operación subyacente: Compra del solicitante al beneficiario de herramientas, de conformidad con el contrato 001 de fecha 01 de diciembre de 2.023.
O 24E compromiso de entrega del original:
O 24G entreguen a/recojan de: Recojan de Exportadora Española, S.A. un acuse de recibo de esta SBLC.

M: La cumplimentación del campo es obligatoria.
O: La cumplimentación del campo es opcional.

Nota. Si se quiere poner un texto largo de garantía, como en los ejemplos en carta anteriores, dicho texto se incluye en el apartado "77U términos del compromiso y condiciones" del mensaje Swift MT760.

C10.1. Crédito contingente de anticipo, que garantiza la devolución de los cobros recibidos en concepto de anticipo si no se cumple con el contrato.

El proveedor puede solicitar pagos parciales por adelantado, para cubrir los materiales que tiene que adquirir y los gastos que se producirán en la fabricación.

El comprador solicita este tipo de Carta de Crédito Standby como garantía de que si el proveedor no cumple el contrato, entonces le devolverá el pago anticipado.

Ejemplo crédito contingente de devolución de pago anticipado.

Banco avisador: Banco USA, S.A. Washington D. C. -código Swift: BAUSUSWA–

Nuestra de carta de crédito irrevocable número 0001000

Avales y garantías internacionales. Standby,s letter of credit.

Disponible en las cajas de Banco Hispania, S.A. domicilio Coso 1000 50.999 Zaragoza, España.

Pagos parciales: permitidos.

Nosotros, Banco Hispania, S.A. domicilio . . ., Zaragoza, España, hemos sido informados que Exportadora Española, S.A., dirección. . . . en Zaragoza, España, ("el vendedor") ha celebrado un contrato con Importadora USA, S.A., dirección . . Washington D.C., USA ("el comprador"), para el suministro de –describir la mercancía y /o servicio- según la orden de compra n. 0000 de fecha. . . . .

En consideración y por orden del vendedor, establecemos irrevocablemente a favor del comprador, la presente carta de crédito contingente ("la carta") por un monto máximo de Usd. 00,000,00 (AAAA cien mil Dólares estadounidenses.).

Esta Carta de Crédito Standby entrará en vigencia automáticamente al recibir el pago por adelantado el solicitante "el vendedor" en nuestro banco, en la cuenta número Iban ES12 0000 0000 0000 0000 0000 en Banco Hispania, S.A., a favor y a libre disposición del Principal ("el vendedor"), y caducará el **- indicar vencimiento -**, fecha en la que quedará nula y sin efecto, y no se atenderá ningún reclamo sobre la misma, se nos devuelva para su cancelación o no.

Cualquier demanda de pago en virtud de esta carta de crédito standby debe ser recibida por nosotros en esta oficina en la fecha de vencimiento o antes.

La carta de crédito es disponible a la primera demanda del comprador mediante pago, en un plazo máximo de 30 (treinta días) después de la recepción de los siguientes documentos, que deben entregarnos en mano, por correo certificado o por servicio de mensajería courier:

- Documento debidamente sellado y firmado por el comprador indicando que la mercancía citada en esta carta de crédito, descrita en el documento, no ha sido enviada por "el vendedor" con destino a – **lugar y país del comprador** –, nominada al comprador.

Esta carta de crédito es disponible contra recepción de los documentos citados anteriormente de acuerdo con los términos y condiciones de esta carta.

Los documentos, con fines de identificación, deben presentarse a través de Banco USA, S.A., - país del beneficiario -, confirmando que las firmas son legalmente vinculantes para el comprador.

Esta carta está sujeta a las ISP 98, International Standby Practices (1998), de la Cámara de Comercio Internacional, Publicación No. 590.

Todas las disputas que surjan de la presente carta serán finalmente resueltas bajo las reglas de conciliación y arbitraje de la Cámara de Comercio Internacional, por uno o más árbitros nombrados de acuerdo con dichas reglas. El arbitraje se llevará a cabo en París y el idioma del arbitraje será el inglés.

Sus gastos y comisiones son por cuenta del beneficiario.

Banco Hispania, S.A.
p.p.

D10.1. Crédito contingente de fianzas de licitación /de oferta "Bid Bond", que cumple la misma función que las garantías a primer requerimiento de licitación y de buena ejecución.

Avales y garantías internacionales. Standby,s letter of credit.

Respalda la obligación del solicitante /ordenante de cumplir un contrato o proyecto si se le adjudica, y garantiza al comprador que el proveedor /contratista cumplirá las condiciones de la licitación.

Normalmente se emite por un porcentaje del monto del contrato.

Ejemplo de Carta de Crédito Standby de licitación.

Fecha: 31 de diciembre de 2023

Para: ABC General Contractors, Inc. 0000 Market Street, Washington, USA.

Estimados señores,

Por orden y cuenta de Exportadora Española, S.A. Calle Coso, 1000 Zaragoza, España, nosotros Banco Hispania, S.A. Zaragoza, España, emitimos a su favor nuestra Carta de crédito Standby irrevocable por un importe de $ 10,000.00.

Esta carta de crédito se emite como garantía a la invitación para participar en la licitación 12345 de fecha 30 de noviembre de 2023, de ustedes ABC General Contractors, Inc., cubriendo . . . (detalle de los bienes, servicios o proyecto que se licita).

Los fondos bajo esta carta serán disponibles contra la presentación en nuestras cajas de:

1) La solicitud de pago del beneficiario y su declaración escrita, en las que se indique que la licitación fue asignada a Exportadora Española, S.A. y no se ha presentado para la firma del contrato.

2) Copia de la comunicación a Exportadora Española, S.A., por courier o correo certificado, de fecha al menos 30 días antes a su solicitud de pago.

Esta carta de crédito entrará en vigencia de inmediato y vencerá en nuestra oficina el 31 de julio de 2024.

Esta Carta de Crédito Standby vencerá y quedará nula y sin efecto después de la fecha de vencimiento, independientemente de si se nos devuelve o no el original de la misma.

Por la presente, nos comprometemos con ustedes a atender las reclamaciones presentadas de conformidad con los términos y condiciones de esta carta de crédito.

El lugar para la presentación de su reclamación de pago es nuestra oficina en Avenida de Ranillas, 1000 50000 Zaragoza, España.

Esta carta de crédito está sujeta a The International Standby Practices ISP98 (Publicación de 1998) Publicación de la Cámara de Comercio No.590.

E10.1. Contra crédito contingente o standby, que respalda la emisión de un crédito contingente diferente, u otra promesa, como una garantía a primer requerimiento.

La emite un banco en un país para solicitarle a otro banco en otro país que emita su compromiso local.

Avales y garantías internacionales. Standby,s letter of credit.

Ejemplo. Exportadora Española, S.A. necesita una garantía local de 100.000,00 euros ante un organismo oficial en Francia. Un banco francés corresponsal de Banco Hispania solicita una carta de crédito Standby como contragarantía. Texto de la contra-Standby:

De: Banco Hispania, S.A. Zaragoza, España. (Swift BAHIESZA)

Beneficiario: Banco Francés, S.A. Paris, Francia. (Swift BAFRFFPA)

Carta de crédito standby nº 0123/EXP/543, por un importe de 100.000 euros.

Por orden y cuenta de Exportadora Española, S.A. calle Coso, 1000 50999 Zaragoza, España, nosotros Banco Hispania, S.A. Zaragoza, España, abrimos a su favor esta carta de crédito irrevocable por un importe de 100.000,00 euros máximo (cien mil euros máximo).

Les rogamos que, al amparo de esta carta de crédito standby, emitan una garantía a favor del Ministerio Francés, con vencimiento 01.10.2024, con el siguiente texto:

Comillas
" . . . . indicar el texto de la garantía que se solicita emitir . . . . . . "Fin comillas.

Nuestra standby letter of credit es pagadera a la vista, contra su mensaje Swift autenticado manifestando que la cantidad que nos reclaman se les adeuda por el pago de una garantía emitida por ustedes en favor del Ministerio Francés, por orden de Exportadora Española, S.A., que les ha sido reclamada para pago.

Esta carta de crédito Stand-by permanecerá válida hasta 01.11.2024 (31 días después de la fecha de validez de la garantía que les solicitamos emitir).

Nos comprometemos a atender sus reclamaciones con valor cinco días hábiles de la recepción de su Swift autenticado, siempre que su solicitud nos sea efectuada de conformidad con los términos indicados en esta carta de crédito standby.

Salvo que expresamente se acuerde otra cosa, esta promesa está sujeta a los Usos Internacionales relativos a los Créditos Contingentes de 1.998 (ISP 98).

Cualquier disputa que pueda surgir en relación con la presente promesa, será resuelta definitivamente bajo las Reglas de Conciliación y Arbitraje de la Cámara de Comercio Internacional de Paris, por uno o más árbitros designados conforme a tales normas.

Madrid, 01 de enero de 2.024
Banco Hispania, S.A.

F10.1. Crédito contingente financiero, que respalda obligaciones financieras, como:

1. La obligación de pagar una suma dineraria.
2. La concesión de un crédito o un préstamo, e incluye las amortizaciones, intereses y gastos.
3. El pago de un arrendamiento, como un leasing o un renting.

Ejemplo: Exportadora Española, S.A. necesita que un banco de Perú conceda una línea de financiación a su filial Mantenedora del Perú, S.A., para sus necesidades de tesorería en dicho país, con motivo de un contrato de mantenimiento que ha firmado.

Avales y garantías internacionales. Standby,s letter of credit.

Ejemplo de Standby financiero.

De: Banco Hispania, S.A. Zaragoza, España. (Swift BAHIESZA).

Beneficiario: Banco Limeño, Lima, Perú (Swift BALIPEPL).

Por la presente, nosotros Banco Hispania, S.A. con domicilio en . . . . Zaragoza, España, siguiendo instrucciones de nuestro cliente Exportadora Española, S.A., establecemos nuestra carta de crédito standby irrevocable e incondicional a su favor No 5555500, para garantizar las facilidades crediticias que concedan la empresa Mantenedora del Perú, S.A., por la suma o sumas que no excedan de US$ 300.000,00 (trescientos mil dólares de América del Norte).

El pago o pagos los realizaremos contra sus mensajes Swift autenticados, de conformidad con los términos de esta carta de crédito, si se reciben en nuestra oficina en o antes el 31 de enero de 2025, siempre que los importes agregados de todos sus mensajes no excedan el importe establecido de US$ 300.000,00.

Se permiten pagos parciales.

Cada mensaje Swift autenticado debe contener un certificado del Beneficiario que indique lo siguiente: "Nosotros, Banco Limeño, S.A. Lima, Perú, por el presente certificamos que (a) el monto de nuestra solicitud representa los fondos que se nos deben por Mantenedora del Perú, S.A. (el "Prestatario") de conformidad con el contrato de préstamo entre nosotros y el Prestatario, y (b) que no hemos recibido el pago de dichos fondos del Prestatario ni de ninguna otra fuente".

Si su solicitud de pago es comprensiva de nominal e intereses del préstamo, en su mensaje Swift indicaran el importe que corresponde a nominal y el que corresponde a intereses, con indicación del tipo de interés aplicado.

Excepto en la medida en que se indique expresamente lo contrario en este documento, esta Carta de Crédito standby está sujeta a los Usos internacionales relativos a los créditos contingentes de 1.998 (ISP 98).

Por la presente, acordamos con ustedes que, al recibir su mensaje Swift autenticado de conformidad con los términos y condiciones de esta carta de crédito, sus solicitudes serán cumplidas si se reciben en nuestra oficina en la fecha de vencimiento o antes de esa fecha.

Por favor, remítannos la correspondencia relacionada con esta Carta de crédito stand-by a la atención del Departamento Internacional, Avales y garantías en el domicilio indicado.

Este mensaje Swift autenticado es el instrumento operativo y no seguirá ninguna confirmación por correo.

Tengan en cuenta que todas sus comisiones y gastos de esta carta de crédito standby son por cuenta de Mantenedora del Perú, S.A.

Zaragoza, España, 31 de diciembre de 2023.
Banco Hispania, S.A.

Cláusula "Evergreen" o de prórroga automática.

Algunas cartas de crédito Standby incluyen una cláusula que permite que una o varias prórrogas adicionales al período de validez inicial especificado en el documento.

Ejemplo de cláusula "Evergreen" en la Standby para la prórroga "automática" del vencimiento: "Una condición de esta carta de crédito es que se deberá considerar automáticamente prorrogada por un período adicional de un año salvo que, al menos 30 días antes de la fecha de vencimiento, le notifiquemos por servicio de mensajería o correo certificado que optamos por no prorrogar esta carta de crédito."

Si ha transcurrido el período de notificación de no prórroga, se necesita el consentimiento del beneficiario de la Standby para la cancelación antes de la siguiente fecha de vencimiento.

9.2 Las ISP98 (Usos internacionales relativos a los créditos contingentes de 1.998) de la Cámara de Comercio Internacional.

Son compatibles con la Convención de las Naciones sobre garantías independientes y cartas de crédito contingente de 11 de diciembre de 1.995.

Estas reglas fueron formuladas deliberadamente para complementar la Convención.

Se aplican a toda promesa independiente que se someta a ellas, es la voluntad de las partes la que decide si la Standby L/c se somete a las Isp98 o a otra normativa.

Para que las Isp98 se apliquen a un crédito contingente, la promesa debe someterse a estas reglas mediante una mención en estos términos o parecidos: **"Esta promesa se emite sujeta a los Usos Internacionales relativos a los créditos contingentes de 1.998"**.

Promesa: crédito contingente o Standby L/C.

Las ISP98 constan de 10 reglas que contienen varias subreglas. **Resumen:**

Regla 1. Ámbito, aplicación, definiciones e interpretación.

Avales y garantías internacionales. Standby,s letter of credit.

a. Se establece que el sometimiento a las reglas y se hace por referencia expresa a las mismas; puede modificarse o excluirse la aplicación de parte de ellas.

b. El crédito contingente es una promesa irrevocable, independiente, documentaria y vinculante desde su emisión, sin necesidad de que lo indique.

c. Las reglas complementan a la ley aplicable en la medida en que ésta no las prohíba.

d. Confirmante es la persona designada por el emisor y que añade su promesa de pago.

e. La expresión "emisor" incluye al "confirmante" como si fuera un emisor diferente y su confirmación fuera un crédito contingente independiente emitido por cuenta del emisor.

f. No necesariamente siempre es un banco, una Standby puede emitirse y confirmarse por personas distintas a una entidad financiera.

Regla 2. Promesa de cumplimiento del emisor y del confirmante.

a. Las comprometidas en la carta de crédito Standby, de cumplir con toda presentación que aparentemente sea conforme con sus términos y condiciones.

b. El emisor actúa en plazo si paga a la vista, acepta un instrumento de giro o se compromete a un pago diferido, o si notifica el incumplimiento, en el plazo permitido para examinar la presentación.

c. La sucursal, agencia u oficina del emisor que se compromete a título diferente del emisor, debe de ser tratada como una persona distinta.

d. Puede designarse a una persona que se comprometa a ello, para notificar, recibir una presentación, transferir, confirmar, pagar, negociar, aceptar u obligarse a un pago diferido.

e. Si no hay disposiciones sobre modificaciones automáticas, el beneficiario debe aceptar la modificación para que le sea vinculante.

f. La aceptación de una parte de la modificación constituye el rechazo de toda ella.

g. El confirmante, si lo hay, debe dejar claro si hay que presentarle los documentos para que su obligación sea exigible. Si no lo indica, se pueden presentar al emisor y, si incumple indebidamente, el pago puede exigirse al confirmante, aún sin haber visto los documentos.

Regla 3. Presentación conforme.

a. La standby debe indicar el momento, el lugar y la ubicación en dicho lugar, el medio y la persona a quien efectuar la presentación.

b. La recepción de un documento exigido constituye una presentación, que debe de ser examinado para establecer su conformidad.

c. La presentación debe realizarse en el lugar y en la ubicación indicada en el crédito contingente o en lo dispuesto en estas reglas.

d. La presentación se considerará realizada en la fecha en que el receptor la ha podido identificar (debe identificarse el número de referencia).

e. La presentación realizada tras la hora de cierre en el lugar designado para la presentación se considera realizada al día hábil siguiente.

f. Si el último día para la presentación no es hábil para el emisor o la persona designada, se considera hecha en plazo si se realiza allí el primer día hábil siguiente.

g. Si la Standby prohíbe disposiciones parciales la presentación debe ser por el importe total. Cuando prohíbe disposiciones múltiples sólo puede efectuarse una presentación, aunque sea por menos importe.

h. La solicitud de prórroga o pago se examina como una presentación y, si como tal presentación es conforme, se debe gestionar su prórroga o, como alternativa, realizar el pago.

i. Es conforme la reclamación realizada por Swift si el beneficiario es miembro de Swift o un banco.

Regla 4. Examen de la conformidad.

La aparente conformidad de los documentos se determina en su apariencia, según los términos y condiciones del crédito contingente.

a. Los documentos presentados pero no exigidos no se examinan.

b. El idioma de los documentos emitidos por el beneficiario debe ser el utilizado en la standby.

c. El beneficiario es el emisor de los documentos, salvo que se indique que ha de emitirlos un tercero, o que el documento usualmente lo emita un tercero.

d. Salvo que lo exija el crédito o que el tipo de documento esté usualmente firmado, no es necesario que los documentos estén firmados.

e. Cuando el crédito exige una declaración exacta debe presentarse un texto idéntico, con errores, espacios y similares incluidos.

f. Todo documento debe presentarse en original y fechado anterior a la fecha de presentación, pero no posterior. Si se exige una presentación electrónica se considera como original.

g. Si se exige la presentación de una copia se permite la presentación de un original o una copia.

Además, la regla 4.21 indica que el crédito standby utilizado como contragarantía es una promesa separada de cualquier garantía segunda.

Regla 5. Notificación, exclusión y disposición de documentos.

a. La notificación de incumplimiento debe hacerse en un plazo razonable y debe hacerse a la persona de quien se recibieron los documentos. Hasta tres días laborables es razonable, más allá de siete días no es razonable.

b. La notificación de incumplimiento debe hacerse por telecomunicación si se dispone de ella, y debe indicar todas las discrepancias encontradas.

c. Cada presentación de documentos se trata como presentación distinta.

d. La falta de notificación de la discrepancia o discrepancias en plazo y mediante el sistema estipulado en la Standby, obliga al emisor a pagar al vencimiento.

e. Si la presentación se efectúa fuera de plazo no es preciso que el emisor lo notifique como discrepancia para que el pago no sea debido.

f. Si el ordenante tiene objeciones al cumplimiento por el emisor, debe comunicarlas mediante una notificación en plazo, enviada por un sistema rápido.

Regla 6. Transferencia, cesión y transferencia por ministerio de la ley.

Regula la transferencia de los derechos de disposición y condiciones, la cesión de la suma a cobrar y condiciones, derechos y obligaciones del sucesor, etc.

a. Un crédito contingente no es transferible a menos que así lo estipule.

b. Si la Standby estipula que es transferible sin más disposiciones al respecto:
  1. No puede transferirse en su totalidad más de una vez.
  2. No puede transferirse parcialmente, y
  3. No puede transferirse a menos que el emisor (y el confirmante si lo hay) y otra persona designada acepte la transferencia.

c. Respecto a la cesión del beneficiario de pagar a un cesionario toda o parte de la suma a cobrar:
  1. El emisor o la persona designada no está obligada a efectuar la cesión de la suma a cobrar que no haya reconocido y no está obligada a reconocer la cesión.
  2. Si se reconoce la cesión, los derechos del cesionario están sujetos a la existencia de sumas netas pagaderas al beneficiario por la persona que lo reconoce, los derechos de otros cesionarios reconocidos y cualquier otro derecho o interés.

Regla 7. Cancelación o resolución de un crédito contingente irrevocable.

a. Los derechos del beneficiario no pueden cancelarse sin su consentimiento.

b. El consentimiento del beneficiario a la cancelación es irrevocable una vez lo comunica al emisor.

c. En esta regla se establecen las condiciones que puede poner el emisor a una cancelación a petición del beneficiario.

Regla 8. Obligaciones de reembolso.

a. El reembolso debe de realizarse contra una presentación conforme:

  1. Del solicitante al emisor, al que solicitó que emitiera el crédito contingente.

2. Del emisor a la persona designada para el cumplimiento o la entrega del valor.

b. El solicitante debe indemnizar al emisor de cualquier obligación, reclamación, responsabilidad o gasto en que incurra.

c. Los reembolsos interbancarios estarán sujetos a las URR725, ya tratadas en la unidad sobre los créditos documentarios.

Regla 9. Plazos.

a. El crédito contingente o standby debe incluir un vencimiento o una cláusula que permita al emisor darlo por cancelado tras una notificación previa o el pago.

b. Si no se estipula una hora del día para el vencimiento, éste se produce al cierre comercial en el lugar de la presentación.

Regla 10. Sindicación /Participación.

Explica quién debe presentar los documentos en créditos sindicados o participados.

Avales y garantías internacionales. Standby,s letter of credit.

Publicación 590 ó 600 de la CCI en la Standby.

A finales de 1.998 la Cámara de Comercio Internacional publicó el folleto 590, titulado "International Standby Practices (ISP98), proponiendo la utilización de estas reglas para los créditos documentarios Stand-by.

Respecto a las diferencias entre la publicación nº 590 y la nº 600 de la CCI, la primera es para las standby y la segunda para los créditos documentarios y las standby:

- Las ISP amplían el plazo de los bancos para revisar los documentos, para identificar las discrepancias y notificar a los beneficiarios, reduciendo el tiempo del que disponen estos últimos para corregir los errores.

- Las ISP aceptan que los documentos presentados por el beneficiario estén de acuerdo con los términos del crédito standby y permiten que el banco pague si la certificación emitida está de acuerdo con sus términos, cuando bajo las RUU de la publicación UCP 600 los documentos deben estar literalmente de acuerdo con los términos del crédito standby.

De acuerdo con las ISP 98, la carta de crédito contingente (standby) puede ser emitirla cualquier entidad, mientras que la UCP 600 habla únicamente de banco emisor.

El tiempo límite que los bancos tienen para recibir documentos, examinarlos y notificar si están en orden es:
- Si la Standby está sujeta al UCP 600: 5 días laborables.
- Si la Standby está sujeta al ISP 98: 3 días laborables como tiempo razonable que no debe exceder de 7 días laborables

La carta de crédito Standby es siempre irrevocable, aun cuando no se haga constar en el texto, independientemente de que se acoja a la publicación 590 o 600. Si se desea que sea revocable, no es habitual, somete a la UCP 500.

Estas y otras diferencias han generado la polémica respecto a si la aplicación de la 590 es preferible o no a la 600, por lo que se abren indistintamente sometidas a ambas publicaciones.

10. Cláusula Bail-in (recapitalización interna) en las garantías y Standby's Letter of Credit

La Directiva 2014/59/UE y el Reglamento Delegado(UE) 2016/1075 de la Comisión que lo completa, impuso a los Estados Miembros el establecimiento de mecanismos de financiación para garantizar la aplicación por la autoridad de las competencias e instrumentos de la resolución.

Avales y garantías internacionales. Standby,s letter of credit.

En España, la Ley 11/2015, de 18 de junio, de recuperación y resolución de entidades de crédito y empresas de servicios de inversión de transposición de la citada Directiva, reconoció al FROB para la aplicación de las medidas de resolución.

Artículo 46 de la Ley. Reconocimiento contractual de la recapitalización interna:

1. Las entidades deberán incluir en los contratos que celebren **una cláusula de sujeción de los pasivos que con ellos se creen** al ejercicio de la facultad de amortización y conversión del FROB así como de acatamiento, por el acreedor o la parte del contrato que den origen a los pasivos, de cualquier reducción del importe principal o adeudado y cualquier conversión o cancelación, derivadas de dicho ejercicio, siempre que los pasivos concernidos:

   a) No estén excluidos de acuerdo con el artículo 42.
   b) No constituyan un depósito de los contemplados en la disposición adicional decimocuarta, apartado 1, letra b).
   c) Estén regulados por la normativa de un Estado no perteneciente a la Unión Europea.
   d) Se emitan o contraten después de la entrada en vigor de las normas sobre amortización de instrumentos de capital y recapitalización interna contenidas en este Capítulo.

El FROB podrá requerir a la entidad que le remita un informe de un experto independiente, sobre la validez de las cláusulas previstas en este apartado.

2. El incumplimiento de la obligación establecida en el apartado anterior por la entidad no será obstáculo para el ejercicio de la competencia de amortización y conversión sobre un pasivo determinado. Dicha obligación podrá excluirse por la autoridad de resolución preventiva, previo informe del FROB, cuando, o bien en virtud de la legislación del Estado en cuestión, o bien en virtud de un convenio celebrado con el mismo, se garanticen las citadas sumisión y acatamiento.

En España, el Fondo de Reestructuración Ordenada Bancaria (FROB) es la autoridad encargada de la resolución de las entidades de crédito y empresas de servicios de inversión en su fase ejecutiva.

El Fondo tiene por objeto gestionar los procesos de reestructuración del sistema financiero y contribuir a reforzar sus recursos propios.

Se enmarca dentro de las medidas y planes de rescate e incentivación puestos en marcha por los gobiernos y autoridades monetarias en la Unión Europea.

En base a dicho artículo 46, algunas entidades de crédito españolas incluyen en las garantías internacionales y Standby Letter of Credit que emiten una cláusula relacionada con la cancelación o conversión en equidad del importe adeudado por el Banco emisor.

Es habitual que en el texto de emisión internacional se adicione a la norma legal que regula la Garantía o Standby Letter of Credit la cláusula "COLLATERALLY IS SUBJECT TO SPANISH LAWS" (colateralmente está sujeta a las leyes españolas):

→ En una Standby Letter of Credit el párrafo puede ser **"La Standby Letter of Credit está sujeta a las ISP 98 de la Cámara de Comercio Internacional, y colateralmente está sujeta a las leyes españolas"**.

→ En una garantía internacional puede ser **"La garantía se rige por las reglas uniformes para solicitud de garantías (Publicación 758) de la Cámara de Comercio Internacional, y colateralmente está a las leyes españolas"**.

O bien adicionar la cláusula **"las partes reconocen, aceptan y quedan obligadas por la facultad de amortización y conversión del fondo de reestructuración ordenada bancaria español, u otra autoridad, conforme a la ley 11/2015, de recuperación y resolución de entidades de crédito y empresas de servicios de inversión, u otra legislación que implemente el artículo 55 de la directiva 2014/59/ue, que establezca el marco para la recuperación y resolución de las entidades de crédito y empresas de servicios de inversión, con la reducción, conversión o cancelación de cualquier responsabilidad u obligación, en el ejercicio de tales facultades"**, o alguna otra cláusula similar.

En ocasiones, la inclusión de este tipo de cláusulas relativas a la legislación española (o de un país UE) es un serio inconveniente, pues hay entidades financieras y beneficiarios no UE que no las aceptan, exigen sus propias normas y leyes o de un tercero de su confianza.

11. Boleta de Garantía.

La boleta de garantía se utiliza en Chile y Bolivia. Es un documento de garantía que emite un banco debidamente autorizado, a solicitud del interesado avalado (tomador de la boleta), a favor de un beneficiario.

Al extender la boleta, la entidad bancaria cumple la función de garante del cumplimiento de las obligaciones contraídas por el avalado frente al beneficiario.

Al emitir este documento, el banco emisor se compromete incondicionalmente a su pago con el sólo requerimiento del beneficiario.

El sistema de boletas de garantía se creó para invertir la carga de la prueba, de forma tal que el acreedor la puede hacer efectiva y, solo después de que esto ocurra, el deudor puede tomar acciones en su contra si el cobro ha sido indebido. Los derechos que emanan de la boleta bancaria de garantía son autónomos y abstractos.

Puede emitirse a la vista pagadera contra presentación, o a un plazo determinado desde su presentación, normalmente con 30 días de aviso previo.

El beneficiario no puede ejercer derecho alguno en relación con la boleta de garantía sino es mediante su tenencia física, pues sus derechos se incorporan al título.

Transcurrido el plazo de validez sin requerir su pago se entiende caducada. Si vence un día festivo no se entiende prorrogado al día hábil siguiente.

Avales y garantías internacionales. Standby,s letter of credit.

La boleta de garantía puede emitirse en moneda local y en moneda extranjera.

> **La boleta tiene un fin específico, por ello es nominativa e intransferible, y no admite el endoso por el beneficiario salvo para su cancelación.**

En una boleta de garantía intervienen:
1. El Fiado (deudor avalado).
2. El Fiador (garante "un Banco").
3. El Depositario de la Boleta o tenedor.

Una boleta de garantía contiene:
1. La mención de boleta de garantía inserta en su texto.
2. El nombre y domicilio de la entidad garante.
3. El nombre de la persona, natural o jurídica, a cuyo favor se otorga.
4. El nombre y datos que identifican al deudor.
5. Las obligaciones garantizadas, condiciones y circunstancias.
6. El importe afianzado y el plazo de vencimiento.
7. El lugar y fecha de expedición.
8. La firma autógrafa del representante de la entidad financiera emisora.

La Boleta de Garantía se usa para los actos de comercio entre particulares y con el Estado:

- **Ejecución de obra.** Garantiza la buena terminación de obra, vicios ocultos y otros.

- **Seriedad de propuesta.** Garantiza el no mantenimiento de una oferta licitada.

- **Inversión de anticipo.** Garantiza la correcta utilización de fondos adelantados.

- **Cumplimiento de contrato de obra.** Garantiza la parte ejecutada de una obra, según tasación pericial.

- **Buena calidad.** Garantiza la calidad de materiales utilizados.

- **Suministros de bienes.** Garantiza las entregas de las mercaderías, materias primas, maquinarías, etc., en los plazos y condiciones estipuladas.

- **Pago de derechos arancelarios.** Garantiza el pago de impuestos aduaneros.

- **Consecuencias Judiciales.** Garantiza la calificación de fianzas y otros.

Avales y garantías internacionales. Standby,s letter of credit.

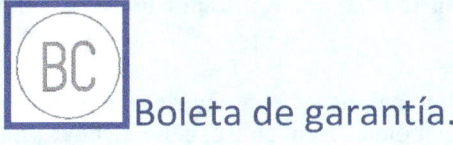
Boleta de garantía.

Santiago, 31 de marzo de 2024.　　　　　Importe: 20.000,00 USD.

Vencimiento: 31 de diciembre de 2.024. Con 30 días de aviso previo, pagadera sin intereses.

Nominativa – No endosable

El banco pagará a Importadora Chilena, S.A., Rut 0123456789, la suma de veinte mil dólares de los Estados Unidos de América del Norte.

Para garantizar las entregas de máquinas y su software por Exportadora Española S.A. Zaragoza, España, en los plazos y condiciones estipuladas en el contrato nro. ABCDE01.

Esta boleta de garantía podrá ser cobrada por el tomador en el caso de que sea devuelta por la persona a quien fue extendida.

Llegado el vencimiento sin haber sido cobrada, el banco procederá a su cancelación.

　　　　　　　　　　　　　　　　　　　　　　Banco Centralizador, S.A.
　　　　　　　　　　　　　　　　　　　　　　Sucursal de Santiago, Chile.
　　　　　　　　　　　　　　　　　　　　　　pp.

Cuando un banco corresponsal extranjero, siguiendo instrucciones de su cliente, solicita la emisión de una boleta de garantía, emite una contragarantía o standby a favor de un banco local con este fin.

Modelo de standby que emite un banco español a favor de un banco chileno, para que éste emita una boleta de garantía.

Destinatario: Banco Chileno, S.A.
　　　　　　　　Santiago de Chile, Chile,

Fecha: DD MMMMMM AAAA

Carta de crédito irrevocable standby nº ...... por importe de 10.000,00 euros.

Por orden y cuenta de nuestro cliente Exportadora Española, S.A., nosotros Banco Hispania, S.A. Zaragoza, España, les solicitamos que emitan una boleta de garantía de seriedad de propuesta, por 10.000,00 euros (diez mil euros), garantizando el pago si no se mantiene la oferta licitada, a favor de - beneficiario y su RUT-, **con caducidad** ...(el vencimiento)...

Por favor, emitan la boleta de garantía en su modelo habitual.

Nuestra carta de crédito es pagadera a los tres días siguientes de la recepción de su reclamación de pago mediante mensaje Swift, indicando que el importe reclamado les es debido como consecuencia de la solicitud de pago de la boleta de garantía nº......., emitida por nuestra orden en esta carta de crédito standby.

La presente carta de crédito es válida desde su emisión y permanecerá en vigor hasta el día ...– normalmente hasta 1 mes después del vencimiento de la boleta-., **en consecuencia, cualquier reclamación de pago debe ser recibida en nuestras oficinas en o antes de esta fecha.**

La presente carta de crédito está sujeta a las normas establecidas al efecto en la publicación UCP 600 de la Cámara de Comercio Internacional.

Por favor, envíennos copia o fotocopia de la boleta de garantía emitida por ustedes a nuestro domicilio en Calle Coso 1000 50000 Zaragoza, España.

Saludos,

12. Comfort Letter o carta de patrocinio.

Su interpretación se puede definir como "carta de intención" o "carta de compromiso".

Es una declaración de intenciones que hace una empresa, normalmente sociedad matriz, respecto a una filial, para que un banco conceda a ésta última facilidades crediticias.

Las cartas de patrocinio son un tipo de garantía personal que se ha difundido en los usos bancarios internacionales y, principalmente, en relación a los grupos de sociedades.

La sociedad patrocinadora declara por escrito a una entidad crediticia que la sociedad patrocinada es filial, y se compromete a procurar que dicha filial cumpla frente a la entidad crediticia.

La Comfort letter no crea un vínculo jurídico de aval, fianza o garantía, pero apoya a dicha filial en sus operaciones financieras.

El emisor de la carta adquiere diferentes niveles de compromiso con la entidad bancaria que concede las facilidades crediticias, como obligarse a indemnizar al acreedor (un banco) si el deudor principal incumple lo pactado o, simplemente, comprometerse a vigilar la correcta trayectoria de su filial para que pueda atender sus compromisos.

En una Comfort Letter intervienen:

- **El declarante.** Que asume el contenido de la carta, normalmente la sociedad matriz.

- **El beneficiario.** Es la persona física o jurídica respaldada, normalmente una sociedad filial.

- **La entidad financiera.** Es la destinataria de la carta "Comfort Letter".

Si la sociedad matriz emisora es solvente y de la confianza del banco que tiene que conceder facilidades crediticias, puede ser determinante para su concesión.

No existen textos uniformes ni reglas de organismos a los que se acojan las partes intervinientes, lo que conlleva que si la entidad financiera, ante el impago de la filial, toma la decisión de exigir el pago a la matriz en base a la Comfort Letter, tendrá que ir a los tribunales.

Avales y garantías internacionales. Standby,s letter of credit.

Su redacción determina el grado de compromiso de la sociedad emisora, siendo clasificadas como Comfort "débiles" y "fuertes", prefiriendo los bancos, lógicamente, estas últimas.

En España, la Sentencia del Tribunal Supremo de fecha 13 de febrero de 2007, acoge este tipo de documentos mercantiles, los tipifica e inserta en el sistema jurídico español de garantías con su propia carta de naturaleza.

Comentarios:

- Las manifestaciones que se constatan en la confort-letter deben ser ciertas, si se facilitan informaciones falsas o inexactas se pueden exigir responsabilidades a la sociedad emisora.

- La relación matriz-declarante /filial-beneficiaria no es un requisito indispensable, ya que una Comfort Letter la puede emitir cualquier persona, física o jurídica, tenga o no vinculación de tipo financiero con la beneficiaria.

- Las Comfort Letters emitidas en el extranjero tienen que estar legalizadas mediante aportilla de La Haya.

Carta de patrocinio débil.

Puede considerarse como una carta de simple recomendación, y no puede ser usada por la entidad de crédito para exigir a la matriz (u otro firmante) el pago del crédito o préstamo subsidiariamente a la entidad patrocinadora (normalmente una filial).

Suelen emitirse para declarar la confianza en la capacidad de gestión de los administradores de la sociedad que aspira al crédito y de su viabilidad económica.

El Tribunal Supremo de España distingue las cartas de patrocinio débiles como instrumentos para declarar formalmente la confianza en la capacidad de gestión de los administradores de la sociedad solicitante del crédito bancario, en lo relativo a la viabilidad económica de la misma.

Cuando un patrocinador emite una carta de patrocinio débil lo hace con la aspiración de no quedar obligado jurídicamente frente al receptor de la misma, sólo en el plano moral. El patrocinador no quiere otorgar una garantía típica y el destinatario exige la carta dado sabe que el patrocinador no está dispuesto a concederla.

Pueden considerarse como simples recomendaciones y no pueden ser usadas para que la entidad de crédito exija el pago del crédito a la entidad patrocinadora.

Las cartas de patrocinio débiles no engendran una verdadera obligación contractual a cargo del emisor.

Ejemplo de carta de patrocinio "débil"

Banco Hispania, S.A.
MADRID

Lyon a 02 de enero de 2.024

Muy señores nuestros:

Avales y garantías internacionales. Standby,s letter of credit.

Hemos sido informados por nuestra filial Morgor, S.A. con domicilio en calle del Pez 000 de Madrid, España, que tienen ustedes en estudio operaciones de financiación (líneas de crédito y descuento, así como otros riesgos) por un importe total de hasta 1.000.000 de euros.

Dicha sociedad pertenece a nuestro grupo y es una compañía que controlamos y de la que somos accionistas, por lo que estamos al corriente de los términos y condiciones en que les ha solicitado dichas facilidades financieras, a las que prestamos nuestra entera conformidad.

Nuestra política es hacer lo necesario para que Morgor, S.A. pueda cumplir puntualmente sus compromisos. Por consiguiente, podemos asegurarles que no tendrán ustedes ninguna dificultad en obtener el reembolso de las citadas operaciones de financiación a su vencimiento.

Esta compañía matriz es propietaria del 51% del capital de Morgor, S.A., y se compromete a informarles a ustedes sin demora de cualquier modificación que se produzca en nuestra participación accionarial.

Asimismo, les comunicamos que contamos con todas las autorizaciones y consentimientos necesarios para emitir esta comfort letter a favor de ustedes, y que las personas firmantes poseen los poderes suficientes a tal efecto.

Les saluda atentamente,

Morgor PARIS, S.A.

Carta de patrocinio fuerte.

Sirven para declarar formalmente la confianza en la capacidad de gestión de los administradores de la sociedad filial solicitante del crédito, préstamo, descuento bancario, etc., en lo relativo a la viabilidad económica de la misma.

Puede entenderse como un contrato atípico de garantía personal, encuadrándose las categorías contractuales tipificadas en el ordenamiento jurídico español como un contrato de garantía atípica o asunción cumulativa o codeuda en favor de un tercero, promesa de crédito, o incluso como contrato de fianza.

Es una Carta de Patrocinio Fuerte si tiene lugar una declaración unilateral por la que el patrocinador, de forma inequívoca y clara, muestra su voluntad de garantizar el buen fin de una operación de financiación de su patrocinado, sea cual sea la vinculación que tenga, mientras el patrocinador tenga un interés legítimo en la operación y siempre que dicha declaración sea aceptada, ya sea de forma expresa o tácita, por parte del acreedor.

Ejemplo de carta de patrocinio o comfort letter fuerte.

Banco Internacional, S.A.
Londres, Reino Unido.

Zaragoza. España, 15 de enero de 2024

Estimados señores:

Avales y garantías internacionales. Standby,s letter of credit.

En relación con la transacción _(describir)_ de fecha ____, nos complace informarles de lo siguiente:

El titular Export Branch Overseas, Ltd. es una filial que controlamos, pues somos propietarios del 51% de su Capital, cuyas cifras están integradas en el balance de consolidado de nuestro Grupo. Además, le informamos que conocemos las condiciones generales y detalles, incluso las financieras, y estamos de acuerdo.

Monitorearemos todos los aspectos financieros, administrativos, técnicos y legales de nuestra filial, cuya administración merece nuestra confianza, y les aseguramos que es inherente a nuestros intereses que mantenga nuestra reputación con el cumplimiento meticuloso de sus obligaciones de pago hacia terceros.

Somos conscientes de que al otorgar el (préstamo, crédito, etc.), nuestra relación con el titular en los términos descritos es un factor decisivo en su decisión y nos comprometemos a no alterar esta relación, y a no reducir nuestra participación en su capital social mientras el (préstamo, crédito, etc..) esté vigente y hasta que nuestra filial haya cumplido con todas sus obligaciones derivadas.

Si tuviéramos que reducir nuestra participación en nuestra filial, nos comprometemos a notificárselo previamente para obtener su consentimiento expreso. En el caso de que no nos den su consentimiento, nos comprometemos a adquirir los derechos y obligaciones correspondientes al (préstamo, crédito, etc.), a un precio equivalente al principal más los intereses y las comisiones acumuladas, dentro de los siete días.

Si al vencimiento de la transacción, por la expiración del plazo otorgado o por haber sido rescindida anticipadamente, o si en la fecha de pago de una de sus cuotas, nuestra filial no ha realizado los pagos acordados, si el Banco considera que la situación financiera o patrimonial de nuestra filial se ha deteriorado, nos comprometemos irrevocablemente a:

1. Pagar las obligaciones asumidas por nuestra filial, vencidas o no, dentro del plazo de siete días a partir de la fecha en que se exija.

2. Proporcionar a nuestra filial los fondos y /o créditos y /o capitales necesarios para que cumpla sus compromisos con ustedes, dentro de un plazo final de siete días.

3. Proporcionar nuestra garantía personal a primera demanda, en el plazo de siete días, para garantizarles el reembolso de todos los compromisos que nuestra filial haya contratado con ustedes.

Nuestros compromisos entrarán en vigencia y permanecerán vigentes hasta que todas las cantidades que nuestra filial les adeude por cualquier motivo hayan sido totalmente reembolsadas.

Renunciamos a la oposición contra el Banco de cualquier derecho de preferencia o prioridad que pueda recaer sobre nosotros hasta que la (transacción) haya sido totalmente cancelada.

Declaramos que hemos obtenido las autorizaciones internas y el consentimiento para firmar esta carta y que no es contraria a ninguna norma interna o externa aplicable a nuestra Compañía, y que las personas que firman tienen poderes suficientes a tal efecto.

Avales y garantías internacionales. Standby,s letter of credit.

Atentamente,

**Nombre y firma (s)
Exportadora Internacional, S.A.**

En España, el reconocimiento jurisprudencial explícito en la Sentencia del Tribunal Supremo, de fecha 13 de febrero de 2007, tipifica e inserta en el sistema jurídico español la carta de patrocinio.

La jurisprudencia del Tribunal Supremo ha establecido los requisitos esenciales para que pueda atribuirse a una carta de patrocinio el valor y la eficacia de un contrato de garantía:

1. Existencia de intención de obligarse la sociedad matriz a prestar apoyo financiero a la sociedad filial, o a contraer deberes positivos de cooperación a fin de que la compañía subordinada pueda hacer efectivas las prestaciones que le alcanzan en sus tratos con el tercero favorecido por la carta.

2. Vinculación obligacional que resulte clara, sin que pueda basarse en expresiones equívocas.

3. Firma de la carta por apoderado que tenga facultades bastantes para obligar al patrocinador en un contrato análogo al de fianza.

4. Determinación de las expresiones vertidas en la carta, concluyente de la operación que el patrocinado pretenda realizar.

5. La relación de patrocinio tendrá lugar dentro del ámbito de sociedad matriz y su sociedad filial, diferente de la situación de accionista mayoritario.

La eficacia de la carta de patrocinio no se produce de forma automática, requiere de:

1. Un compromiso claro e inequívoco obligacional del patrocinador (la sociedad matriz).

2. La aceptación del compromiso obligacional del patrocinador por parte del acreedor (la entidad financiera).

Obligación jurídica.

Las cartas de patrocinio fuertes generan una verdadera obligación jurídica a cargo del emisor, no asume una obligación independiente de pago directo frente al beneficiario, sino una obligación accesoria de resultado, de hacer lo posible para que el patrocinado cumpla sus obligaciones frente al destinatario de la carta, incluso asumiendo la indemnización por su incumplimiento.

La Sentencia del Tribunal Supremo de 27 de junio de 2016, reproduciendo el contenido de la sentencia de 27 de junio de 2015, señala que la Carta de Patrocinio Fuerte responde a una estructura de negocio jurídico unilateral con trascendencia obligacional, y que se configura como una declaración unilateral de voluntad de carácter no formal dirigida a la constitución de una relación obligacional.

Avales y garantías internacionales. Standby,s letter of credit.

Esquema de una comfort letter

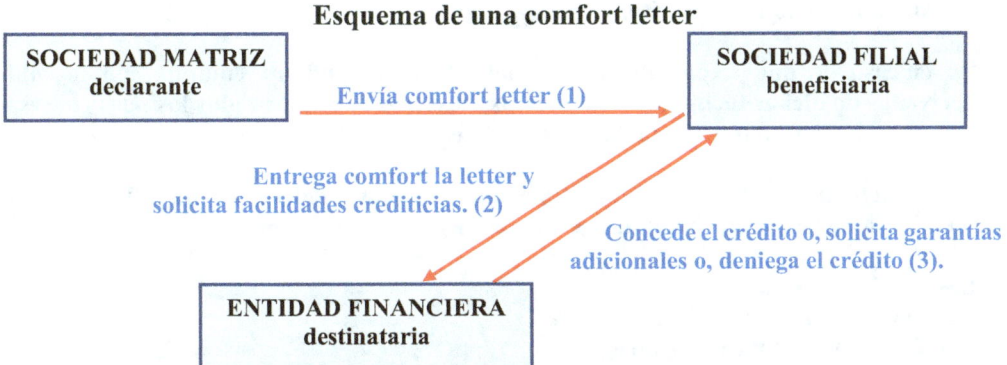

a) Si la firma filial que solicita un crédito bancario, préstamo o financiación, es seria y cumplidora, si además aporta una comfort letter dura de su casa matriz la concesión posiblemente se realizará.

b) El banco, a pesar de la comfort letter, puede solicitar otras garantías, tales como:
    b.1) Garantía bancaria o carta de crédito standby.
    b.2) Garantía directa de la casa matriz, en lugar de comfort letter.
    b.3) Otras garantías, como bienes raíces, garantía personal de los socios, etc. etc.

c) Si se deniega la facilidad crediticia, la firma puede optar por plantear nuevamente su solicitud de préstamo o crédito aportando otras garantías adicionales, o presentarla en otra entidad financiera.

Ejemplo: Exportadora Española, S.A. solicita a Banco Hispania, S.A. la ampliación de su línea de crédito hasta 1 millón de euros y le ofrece una "comfort letter fuerte" de la firma francesa Empresa Internacional, S.A., que ha aumentado su participación en el capital de Exportadora Española, S.A.

Texto de la Comfort Letter "FUERTE"

                            Banco Hispania, S.A.
                            Calle Alcalá, 49
                            Madrid, España.

                       París, a 02 de enero de 2.024

Muy señores nuestros:

Les confirmamos que tenemos una participación del 51% de la firma Exportadora Española, S.A. calle Coso, 1000, 50001 Zaragoza, España, y que conocemos que Banco Hispania, S.A. tiene la intención de concederle facilidades financieras hasta un importe de 1.000.000 de euros.

En nuestra política está el ánimo de hacer lo necesario para que las firmas en las que participamos sean capaces de hacer frente a sus obligaciones y puedan cumplir puntualmente sus compromisos.

Los aseguramos que no tendrán ustedes dificultades en obtener el reembolso de las facilidades financieras concedidas y nos comprometemos a utilizar nuestra influencia, así como la prestación de los recursos financieros, técnicos o de otra clase, que sean necesarios para el buen cumplimiento de sus compromisos con ustedes.

Avales y garantías internacionales. Standby,s letter of credit.

Les manifestamos que durante el período en que sus facilidades financieras permanezcan disponibles, nos comprometemos a mantener nuestra participación, modificándola únicamente con su autorización por escrito.

En el caso de que Exportadora Española, S.A. no pudiera cumplir con las obligaciones derivadas de dichas facilidades financieras, nosotros daríamos todos los pasos necesarios para proveer a nuestra participada de los fondos requeridos.

Por consiguiente, podemos asegurarles que no tendrán ustedes ninguna dificultad en obtener el reembolso de las citadas facilidades financieras a su vencimiento.

Les saluda atentamente,
Empresa Internacional, S.A.
Rue Crémieux, 99 París, France

Mensaje Swift Mt759. Para los instrumentos similares a las garantías que se transmiten mediante mensajería Swift y no son una garantía ni una carta de crédito standby, por ejemplo: una carta de intención o una fianza, se manejan con MT759 en lugar de MT760 o MT767.

Campos del mensaje Swift Mt759:
Obligatorio –   27 Secuencia total:
Obligatorio –   20 Número de referencia de la transacción:
Opcional –   21 Número de la referencia relacionada:
Obligatorio –   22D Forma del compromiso:
Opcional –   23 Compromiso número:
Opcional –   52a emisor:
Obligatorio –   23H Función del mensaje:
Obligatorio –   45D Narrativa:
Opcional –   23X Identificación del archivo:

Status	Tag	Field Name	Content/Options	No.
M	27	Sequence of Total	1!n/1!n	1
M	20	Transaction Reference Number	16x	2
O	21	Related Reference Number	16x	3
M	22D	Form of Undertaking	4!c	4
O	23	Undertaking Number	16x	5
O	52a	Issuer	A or D	6
M	23H	Function of Message	8!c	7
M	45D	Narrative	150*65z	8
O	23X	File Identification	4!c/65x	9

M = Mandatory, O = Optional - Network Validated Rules may apply

El MT 759 es un mensaje multipropósito, para solicitar o proporcionar información sobre una transacción comercial, comunicar una alerta de fraude, una solicitud de financiación, comunicar una carta de presentación o de intenciones, o una comfort letter, entre otros.

Avales y garantías internacionales. Standby,s letter of credit.

13. La carta de presentación internacional (to whom) y el certificado solvencia.

Las cartas y certificados las emiten los bancos atendiendo a las solicitudes de sus clientes, en las que informan sobre éstos últimos, "a quien corresponda", sobre su calidad, seriedad y cumplimiento.

Muchas empresas se apoyan en estos documentos cuando se inician en otros mercados, para que sus proposiciones de negocio se tomen con el mayor rigor y la mejor consideración, y sus buenos propósitos estén fuera de toda duda.

Aún cuando el banco no adquiere compromiso alguno, su presentación, aunque exista desconocimiento entre las partes, supone el inicio con seriedad de conversaciones con vistas a llegar a un acuerdo de compraventa de bienes y/o servicios.

No existe un texto uniforme, por lo que, a continuación, se describen dos que son un ejemplo y ilustrativos.

Ejemplo de carta de presentación "to whom".

BANCO HISPANIA, S.A.
Sucursal Madrid
Swift Code BAHIESMA

Madrid, January 4rd, 2.024 - Madrid, 4 de enero de 2.024.

To whom it may concern - A quien pueda concernir.

This letter has been requested by our customer Exportadora Española, S.A. in relation with some business trips abroad that Mr. Javier Moreno Díaz, Chairman, is going to do.

Esta carta ha sido solicitada por nuestro cliente Exportadora Española, S.A. en relación con los viajes de negocios al extranjero que va a realizar D. Javier Moreno Díaz, Presidente de la firma.

Exportadora Española, S.A. is a reliable customer of our Office. Exportadora Española, S.A. que es un relevante cliente de nuestra Oficina.

Mr. Javier Moreno Díaz is a responsible person and our bank has a good concept of him. D. Javier Moreno Díaz es una persona responsable y nuestro banco tiene un buen concepto de él.

Mr. Javier Moreno Díaz and also Exportadora Española, S.A. have always honoured their pledges with our bank. D. Javier Moreno Díaz y también Exportadora Española, S.A. siempre han hecho frente a sus obligaciones con nuestro banco.

Please pay your best attention to Mr. Javier Moreno Díaz and to the firm that he represents. Por favor, presten su mejor atención a D. Javier Moreno Díaz y a la firma que representa.

Best Regards. Cordiales saludos.

Signed / Firmado por **Luis Javier Fernández Pérez**
Vice-president of Banco Hispania (Apoderado de Banco Hispania).

Avales y garantías internacionales. Standby,s letter of credit.

Certificado de Solvencia de persona física.

Banco Español, S.A. Branch at Zaragoza, in Spain, represented by Ms. María Fernández Pérez hereby declares: Banco Español, S.A. Oficina de Zaragoza, en España, representado por Doña María Fernández Pérez, por la presente declara:

That Ms. María Fernández Pérez, resident in Zaragoza, Spain, holder of Tax Identification Code 17012345A, has held an account with this branch since the year 2000. Que Doña María Fernández Pérez, residente en Zaragoza, España, con NIF 17012345A mantiene una cuenta en esta oficina bancaria desde el año 2000.

Please be advised that the above person is considered a highly reliable customer who always meets her payment commitments promptly. We therefore consider her worthy of trust for any commercial transaction. La mencionada persona es un cliente considerado de confianza y cumplidor con sus obligaciones de pago. En consecuencia, la consideramos como digna de confianza para realizar cualquier operación comercial.

The present letter is not a guarantee. Therefore, the Bank does not assume any responsability in case that Ms. María Fernández Pérez does not comply with her obligations of payment. El presente documento no es una garantía y por lo tanto el Banco no asume ninguna responsabilidad en caso de que Doña. María Fernández Pérez no cumpla con sus obligaciones de pago.

And for the record, this document is issued in Zaragoza this January 4rd day of 2.024. El presente documento se emite en Zaragoza el 4 de enero de 2.024.

Banco Español, S.A.
P.P.

14. Escrow account o depósito de garantía o fideicomiso.

Escrow account es un depósito en un tercero de confianza en el que, para asegurar el cumplimiento de un contrato de compraventa, se deposita una cantidad de dinero, valor, documento u objeto.

Escrow account es un término anglosajón, es un pacto de depósito en una compraventa o un arrendamiento de bienes y/o servicios, conocido en España como depósito de garantía.

En la elaboración del contrato de depósito Escrow interviene un tercero, normalmente una entidad financiera si el depósito es de dinero.

Avales y garantías internacionales. Standby,s letter of credit.

En lo que respecta al depósito de dinero, es una cuenta a nombre del Comprador y del Vendedor, abierta por el Agente de Depósito (normalmente una entidad bancaria). En algunas transacciones dinerarias hay también un Agente de Fideicomiso.

> **Agente de Fideicomiso.**
>
> **Un Agente de Fideicomiso es una persona o entidad responsable de la administración y custodia de los activos hasta su entrega al comprador.**
>
> **Como Agente de Fideicomiso suele tomarse a una Cámara de Comercio, a una Entidad Financiera, un notario, un bufete, etc., dependiendo de los activos a administrar y custodiar.**

1. El agente de depósito retiene los fondos hasta que recibe instrucciones y se cumplen las obligaciones contractuales del contrato de depósito.

2. Los valores, fondos y otros activos se pueden mantener en custodia por un agente de fideicomiso.

3. El contrato Escrow es muy usado en los países anglosajones y se está extendiendo por otras áreas geográficas.

Al existir en la transacción comercial un depósito que garantiza el buen fin de la operación, se evita la necesidad de utilizar otros instrumentos de garantía como avales, garantías, Standby Letter of Credit y créditos documentarios.

> **Escrow account es un instrumento de garantía, responde a los intereses del comprador y vendedor cuando se ha realizado el pago y está pendiente la entrega del bien o servicio.**

14.1 Depósito en dinero. Cuando el depósito es dinerario, el banco actúa como depositario conforme a las actividades que se describen en el contrato de depósito, que suelen estar relacionadas con un contrato de compraventa.

El banco recibe el dinero y lo mantiene en la cuenta Escrow hasta que se cumplen las condiciones estipuladas en el contrato de depósito, entonces lo entrega al vendedor.

El banco en su condición de depositario se hace responsable del cumplimiento de las condiciones pactadas en el contrato de depósito, como:

- La apertura y mantenimiento de X cuenta o cuentas Escrow, para mantener los recursos en garantía de la operación principal.

- El control de los recursos depositados en las cuentas Escrow, realizando la distribución y movimientos conforme a lo dispuesto en el contrato de depósito.

El banco no se responsabiliza si hay fraude en los documentos, se hace responsable del cumplimiento de las instrucciones emitidas por las personas autorizadas por los firmantes del contrato de depósito.

Avales y garantías internacionales. Standby,s letter of credit.

> **El comprador tiene la seguridad de que, si no recibe el bien o servicio acordado, recuperará su dinero.**

> **El vendedor tiene la garantía del pago seguro, pues se ha sido realizado antes de entregar el bien o servicio.**

La cuenta Escrow suele conllevar una comisión del banco por la estructuración y formalización del contrato de depósito, y una comisión de riesgo que puede ser mensual, trimestral o anual, según hayan acordado.

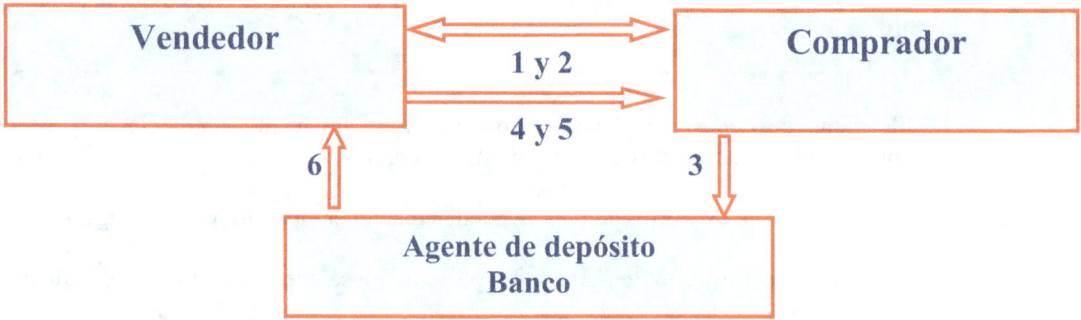

1. El comprador y el vendedor acuerdan el precio y los términos de la transacción.

2. El comprador y vendedor eligen una Escrow account como método de pago y garantía.

3. El comprador realiza el pago, que queda depositado en una Escrow account en una entidad financiera (agente de depósito).

4. Una vez que verifica el ingreso, el vendedor entrega la mercancía al comprador.

5. El comprador inspecciona el producto o el servicio, o los documentos si es un pago contra documentos.

6. Los fondos se liberan una vez que se han cumplido las condiciones de entrega y ambas partes están satisfechas.

En España se trata de un tipo de contrato atípico, no hay establecida regulación específica al respecto, por lo que se suele establecer para operaciones importantes y, en muchos casos, se interviene ante Notario.

- Escrow se ha popularizado como sistema de protección **contra el fraude** en transacciones en las que comprador y vendedor se encuentran a mucha distancia o no tienen una relación de confianza, como en las compras por Internet.

- También se utiliza en transacciones por **Internet a través de marketplaces**, que mantienen el dinero bajo su control para proteger al comprador y al vendedor.

  En Internet conviene que los agentes Escrow, sean o no marketplaces, sean personas e instituciones conocidas y reconocidas internacionalmente.

Avales y garantías internacionales. Standby,s letter of credit.

- En algunos países las Escrow accounts se aplican a **transacciones inmobiliarias**, los fondos en custodia permiten al vendedor y comprador realizar con diligencia una posible adquisición.

  Los fondos se emplean, entre otros fines, para asegurar que se levantarán las cargas que afecten a un inmueble, se pagarán determinados impuestos cuya responsabilidad recae directamente sobre el inmueble y se obtendrá la cédula de habitabilidad.

- Un contrato Escrow **"depósito de código fuente"** entre una empresa de software y su cliente, posibilita depositar en un tercero (notario o empresa especializada), el código fuente de un programa informático, creado por la empresa para su cliente.

  Garantiza al usuario el acceso al código fuente del programa cedido en el caso de desaparición de la empresa titular de los derechos de propiedad intelectual.

- Las Escrow accounts son también mecanismos muy empleados en la **compra de empresas**, en las que parte del precio queda depositado en garantía.

Ejemplo de contrato Escrow para la adquisición de capital de una sociedad extranjera:

CHEMICAL INDUSTRIES, LTD.
Y
INDUSTRIAS ARAGONESAS, S.A.,
Y
BANCO HISPANIA, S.A. OFICINA DE ZARAGOZA
Como Agente Escrow

Este fideicomiso está hecho en Zaragoza, España, el 31 de diciembre de 2.023 entre:

CHEMICAL INDUSTRIES LTD., que es una sociedad constituida de conformidad con las leyes del Reino Unido y tiene su sede en Picadilly Circus 2019 355LD London, Reino Unido, registrada con el número 1234567890 (el "Vendedor").

INDUSTRIAS ARAGONESAS, S.A., que es una compañía constituida y registrada en España con número A501234569, y tiene su sede en calle Coso 2019 Zaragoza, España (el "Comprador").

BANCO HISPANIA, S.A., es una corporación domiciliada en Madrid, España, actuando a través de su sucursal de Zaragoza, España, en Avda. de Cataluña, 500, como Agente de Fideicomiso (el "Agente").

El comprador y vendedor designan como agente de fideicomiso y de depósito a "Banco Hispania, S.A.", para los fines y en los términos establecidos en esta escritura, que el agente acepta.

Dado que:

(A) El Comprador ha adquirido el 51% del capital social de Chemical Industries, Ltd., conforme a un acuerdo de compra de acciones de fecha 30 de julio de 2023.

(B) El Agente de fideicomiso y de depósito en garantía ha aceptado proporcionar ciertos servicios al comprador y al vendedor, según lo establecido en esta Escritura.

En la fecha de esta escritura, el comprador deposita la suma de € 1.000.000,00 (un millón de euros) en la Cuenta de Fideicomiso Escrow, que Banco Hispania mantendrá a disposición del comprador y el vendedor en los términos establecidos en esta escritura.

1. LIBERACIÓN DE FONDOS DE FIDEICOMISO.

1.1 El Agente tiene derecho a solicitar los documentos y /u otra información para cumplir con las leyes y regulaciones aplicables, y sus prácticas internas de cumplimiento, así como una orden de transferencia firmada por el comprador y el vendedor.

1.2 El Agente no está obligado a actuar en ningún aviso de transferencia que deje la Cuenta de Fideicomiso Escrow con un saldo negativo.

2. FUNCIONAMIENTO DE LA CUENTA DE FIDEICOMISO ESCROW.

2.1 El Agente mantendrá los fondos de depósito en garantía como agente del Comprador y el Vendedor.

2.2 El Agente no liberará ninguno de los fondos de depósito de garantía, excepto lo dispuesto en esta escritura.

2.3 Si alguna cantidad pagadera al Agente no se paga cuando vence, el Agente tiene derecho a debitar la cuenta para recuperar la cantidad que se le debería haber pagado.

2.4 Salvo las cantidades a pagar al Agente por su servicio que le sean debidas, el Agente de custodia no realizará ninguna deducción de la cuenta en virtud de ningún derecho de compensación o reclamación que pueda tener contra el Comprador o el Vendedor.

2.5 Los intereses se acumularán o se cargarán en la cuenta a la tasa estándar ofrecida o cobrada por el Agente a sus clientes comerciales, formarán parte de los fondos de Fideicomiso.

2.6 Si una transferencia requiere el pago en una moneda diferente a la moneda de la cuenta, el Agente puede convertir el importe de la transferencia a la moneda de esa instrucción a las tasas de conversión FX vigentes.

2.7 Tras la transferencia de los últimos fondos de Fideicomiso por el Agente, de conformidad con esta escritura, los deberes y obligaciones del Agente terminarán y se cerrará la cuenta de Fideicomiso Escrow.

3. DEBERES DEL AGENTE Y LIMITACIÓN DE RESPONSABILIDAD.

3.1 Los deberes del Agente son de naturaleza administrativa y su única obligación es mantener seguros los bienes mantenidos en fideicomiso.

3.2 El Agente no está obligado a tomar ninguna acción en virtud de esta escritura que pueda conllevar un coste o responsabilidad.

3.3 El Agente no es responsable de la validez o legalidad de cualquier transacción asociada con los fondos de la cuenta de Fideicomiso Escrow.

3.4 Cualquier pago de la cuenta realizado por el Agente de acuerdo con un aviso de transferencia firmado por el Comprador y el Vendedor será suficiente al agente en relación con sus obligaciones.

3.5 Si el Agente considera que no está claro cómo se le exige que actúe, puede hacerlo a su absoluta discreción sin responsabilidad por ello, o abstenerse de actuar en espera de una aclaración o una orden de un tribunal competente.

3.6 El Agente puede divulgar cualquier información contenida en esta escritura cuando la ley o regulación, un tribunal competente o un organismo gubernamental en un procedimiento legal requieran su divulgación.

4. HONORARIOS Y GASTOS.

4.1 El Comprador es responsable ante el Agente del pago de la remuneración que se le otorga por los servicios que se detallan a continuación.

4.2 El Comprador pagará al Agente todos los cargos, costos y gastos (incluidos los legales) en que pueda incurrir en relación con la negociación, preparación y ejecución de esta escritura y su cumplimiento.

4.3 Los pagos del Comprador en virtud de esta cláusula serán de libre disponibilidad, sin retención o deducción de impuestos, arancel o gravamen.

4.4 El Comprador pagará los montos adicionales que resulten en la recepción por el Agente si no se hubiera requerido la retención.

5. TERMINACIÓN.

5.1 Esta escritura terminará en (i) la fecha anterior a la fecha en que una suma no se deposite en la Cuenta o (ii) la fecha final en la que los Fondos de Fideicomiso restantes sean pagados por la Agente.

6. CAMBIO EN EL AGENTE DE FIDEICOMISO.

6.1 Las partes acuerdan que el Comprador y el Vendedor, conjuntamente, pueden rescindir la designación del Agente mediante notificación por escrito, con treinta (30) días naturales de anticipación, firmada por el comprador y el vendedor.

6.2 Luego de la transferencia de los Fondos de Escrow al agente de custodia designado sucesor, el Agente queda automáticamente liberado de sus obligaciones.

6.3 Si en la fecha de renuncia efectiva, las otras partes no han designado un agente de custodia sucesor, el Agente de depósito de garantía podrá, en la fecha de cese efectiva o posterior, nombrar una institución financiera internacional sucesor.

7. CESION.

Ninguna parte cederá o transferirá sus derechos u obligaciones en virtud de esta escritura sin el consentimiento previo por escrito de las otras partes. La cesión o transferencia sin consentimiento será nula y sin efecto ni fuerza.

8. ACUERDO COMPLETO.

Esta escritura representa el acuerdo entre las partes en relación con la Cuenta de Fideicomiso Escrow y reemplaza las promesas, acuerdos y entendimientos previos.

La invalidez, ilegalidad o inaplicabilidad de una disposición del acuerdo no afecta a la continuación en vigencia del resto.

4. LEY DE CONTRATOS (DERECHOS DE TERCEROS) DE 1999.

Una persona que no sea parte de esta escritura no tiene derechos bajo la Ley de Contratos (Derechos de terceros) de 1999 para hacer cumplir ningún término de esta escritura.

Esto no afecta a ningún derecho o recurso de un tercero que haya o esté disponible aparte de esa ley.

10. AVISOS.

Cualquier notificación que se requiera dar en virtud de esta escritura a cualquiera de las partes se hará en idioma español o inglés, y se entregará en persona, por correo certificado, por courier o por correo electrónico a:

Agente: Banco Hispania, S.A., Sucursal de Zaragoza, Avda. de Cataluña, 500 50.000 Zaragoza, España - Atención: Departamento Internacional

Comprador: Industrias Aragonesas, S.A. Cl. Coso, 2019 50.000 Zaragoza, España. - Atención Departamento de control de gestión -.

Vendedor: Chemical Industries, Ltd. Picadilly Circus 2019 355LD London, United Kingdom

La notificación surtirá efecto en el momento de la entrega si es en persona, si se envía por correo nacional a los tres días y si al extranjero siete días desde el envío, y en el correo electrónico 24 horas después del envío.

11. LEY APLICABLE Y JURISDICCIÓN.

Esta escritura y cualquier obligación que surja o esté relacionada con ella se regirá e interpretará de conformidad con la ley inglesa.

Cualquier acción legal o procedimiento relacionado con obligaciones contractuales que surja en relación con esta escritura, las partes se someten a los tribunales del Reino Unido.

ANEXO. MODELO DE ORDEN DE TRANSFERENCIA

Para: Banco Hispania, S.A. Sucursal de Zaragoza. Departamento Internacional.

Estimados señores,

Avales y garantías internacionales. Standby,s letter of credit.

Referencia: Pago de cuenta de fideicomiso.

Por favor, paguen GBP xxx.xxx,xx de la cuenta de depósito en garantía no. ES1234567890, de conformidad con la Cláusula 2 de la escritura de depósito entre CHEMICAL INDUSTRIES, LTD. E INDUSTRIAS ARAGONESAS, S.A., a la cuenta especificada a continuación:

Cuenta en el banco: Marine Midest Bank. London. UK.
Código SWIFT: MAMDGB123
Nombre de cuenta: CHEMICAL INDUSTRIES, LTD.
Número de Iban de la cuenta: GB0987654321

Referencia: Pago No. . . . de la compra de acciones acordada el 30 de julio de 2023.

Atentamente,

Felipe Pérez Sanchez
Signatario autorizado de INDUSTRIAS ARAGONESAS, S.A.

Oliver Smith
Signatario autorizado de CHEMICAL INDUSTRIES, LTD.

15. Programa ICO-Garantías Internacionales. Fue concebido para grandes empresas que necesitan emitir garantías de importes superiores a 10 millones de euros por proyecto.

El programa consiste en el otorgamiento directo por el ICO de garantías a las empresas, para que participen en licitaciones y formalicen los contratos adjudicados, en los que se exijan garantías.

Condiciones.

Dotación económica: En función de la demanda.

- **Clientes:** Las empresas españolas que no tengan la condición de pyme, las sociedades vehículos siempre que tengan como contragarante una empresa española y las entidades financieras.

- **Modalidad:** ICO puede emitir garantías de los siguientes tipos:
  √ Garantía de licitación (Bid bond).
  √ Garantía cumplimiento (Performance bond).
  √ Garantía de pago anticipado (Advance payment).
  √ Garantía de los defectos o de mantenimiento (Warranty operación).

  También ICO valorará la concesión de garantías o líneas de garantías por otros conceptos exigidos en los pliegos de licitación o contratación directa.

- **Operaciones excluidas:** sectores en los que el ICO incurra en riesgo reputacional.

- **Importe mínimo de las operaciones:** 6 millones de euros (o su contravalor en la divisa correspondiente) por operación para empresas, y 10 millones de euros para entidades financieras.

- **Divisa:** En cualquier divisa.

Avales y garantías internacionales. Standby,s letter of credit.

- **Comisiones ICO:** Se fijan en función del plazo, en condiciones de mercado.

- **Garantías exigidas:** Se analizan y negocian para cada operación.

www.ingramcontent.com/pod-product-compliance
Lightning Source LLC
Chambersburg PA
CBHW080509220526
45465CB00006B/2420